言」で
相手の心をつかむ

ことばの心理術フレーズ事典

心理学者
富田隆
［監修］

永岡書店

はじめに

私たち人間は「社会的動物」です。

人類は、お互いが助け合い協力し合って、これまで、生き延びてきました。鋭い牙も巨大な体躯《たいく》も持たず、単体としてはそれほど強くない人類が、何とか生存競争を生き抜いただけでなく、地球上に、他の動物たちが造り得なかった強力な文明を築くことができたのは、この「社会性」のおかげなのです。社会的動物である人間だけが、コンビニやスマホやテーマパークを造れたのです。

そして、私たち人類がこれから先も力を合わせ「共生」するために必要なのが「コミュニケーション能力」です。

特に、みなさんが毎日使いこなしている「ことば」は、コミュニケーションの主役であり、大切な情報を伝達するだけでなく、微妙な心の揺らぎや情緒、愛情、感動といった「気持ち」を仲間と共有したり、クリエイティブなアイデアや解決策を生み出す力を持っています。

ある意味、人類が今日の繁栄を築けたのは、言葉のおかげです。

もちろん、これからの未来を切り拓くためにも言葉は大切です。

ＡＩ（人工知能）が職場や生活のあらゆる領域で人間をサポートする時代になっても、人と人との豊かな交流を基本で支えるのは言葉です。


言葉を使って、自分を表現し、他者を理解し、協力し、何かを成し遂げようとするのは、人類の「本能」です。

あなたがこの本能に磨きをかけ、自由自在に言葉を駆使していただくために本書は書かれました。あなたの言語能力は、使えば使うほど、そして、成功体験を積めば積むほど、さらにグレードアップされるはずです。

本書には、すぐにでも使える「ことばの心理術」が満載されています。

この1冊が、あなたの人生を、明るく、楽しく、創造的で充実したものにするためのガイドブックになれば、幸いです。

富田　隆

心理術で
解決！

人間関係がうまくいく
効果的なひと言とは？

Q. 初対面で話が弾まないときは？

□のひと言で
相手の話を引き出し、
「聞く7割、話す3割」を心がける。

答え
どう思いますか？

▶理由はP32へ

Q. 初対面でも話が続く鉄板フレーズは?

［　　　　　］という

問いかけは、あなたに関心を

持っていますよというサイン。

答え

どちらのご出身ですか?

▶理由はP39へ

Q. 真剣に話を聞いてもらいたいときは?

［　　　　　］のひと言で、

相手はあなたの話に

引き寄せられる。

答え

ご承知と思いますが

▶理由はP65へ

Q. 親密さを増す別れの挨拶のひと言とは?

のひと言が、
親近感の余韻を残す。

答え

また近いうちに◯◯します

▶理由はP67へ

Q. 会議などで賛同を得たいときは?

とつけ加えれば、
反発心が和らいで
協力を得やすくなる。

答え

不十分なところもありますが

▶理由はP99へ

Q. 反対する相手を説得したいときは？

□と聞けば、

相手は反対する理由を

客観的にとらえようとする。

答え

理由を教えてください

▶理由はP112へ

Q. 気になる異性をデートに誘いたいときは？

□など、

相手が承諾しやすい

誘いから入る。

答え

少し歩きませんか？

▶理由はP118へ

Q. 会議で意見や主張を通したい場合は?

と

相手に敬意を払い、

最後の発言者になって主張を通す。

答え

〇〇さんもご指摘の通り

▶理由はP132へ

Q. 部下や後輩に成長してほしい場合は?

のひと言で、

暗示をかけてその人の成長を促す。

答え

あなたはきっとよくなる

▶理由はP158へ

Q. 相手から反対意見を言われたときは？

［　　　　　　］のひと言で、
やんわりと反論する。

答え

ある意味ではその通り

▶理由はP194へ

Q. 相手の申し出に応じられないときは？

断る理由が説明しにくいときは、
［　　　　　　］を繰り返す。

答え

やりくりがつきません

▶理由はP234へ

目次

第1章　「ひと言」で初対面の相手から好かれる心理術

第2章 「ひと言」で気になる相手を味方につける心理術

第3章 「ひと言」で相手から「イエス」を引き出す心理術

第4章 「ひと言」でその気にさせて、相手を動かす心理術

第5章 「ひと言」で事態を打開して、自分を助ける心理術

第6章 「ひと言」でさりげなく「ノー」と伝える心理術

第1章

ひと言で

初対面の相手から好かれる心理術

「暑いですね」などのたわいもない挨拶で、相手の警戒心を解きほぐす

▼「スモールステップスの法則」の実践

初対面のときは、つい、時候の挨拶《あいさつ》が出るものです。なんとなく気が利かないなぁ、などと自分で思っていても、何しろ相手のことを知らないから、とりあえずは天気の話題でお茶をにごす……。

でもこれは、決して悪いことではありません。**天気の話題は、初めて会う人とあなたの確実な「共通性」**だからです。

人はどうしても、未知なもの、知らないものに対しては、まず自己防衛本能が働きます。知らないこと、経験がないことに対しては、危険性を感じ、近づかないようにしてしまうのです。

他人に対しても同じです。初対面の人に対しては、お互いに緊張し警戒心を抱きます。敵なのか味方なのか、好ましい人なのか嫌な奴なのか、探り合うわけです。

だから、互いの共通点を見つけたときは、ちょっと安心し、気持ちが楽になるもの。そこから相手に対する警戒心が徐々に消えていきます。

〝共通性〟こそ警戒心の壁を突き破るドリルなのです。

そう考えれば、時候の挨拶も悪くありません。これこそ、趣味嗜好《しこう》に関わりなく、互いに必ず持っている共通性なのです。そのことが理解できたら、次の話題探しは難しくない。2人の間の次の共通性を見つければいいのですから。

今いる場所の話でもいいし、その場に来ている人たちの感想でも構いません。そうすれば、少しずつお互いの関心事や興味の合いそうな話題もつかめてくるでしょう。

このように、**まず小さな共通性ができ、一段ずつ階段を上るように関係が深まっていくことを、「スモールステップス（小さな階段）の法則」と言います。**大きな目標を「細分化」して、まず一番攻略しやすい目標から確実にステップアップしていくのです。このスモールステップスは、セールスで多用されるテクニックでもあります。いきなり高価なものの商談をするのではなく、まずごく安いもの、気軽に手が出る範囲のものを薦める。それに成功したら、もう少し高いものと、話を進めていくのです。

これは人間関係でもまったく同じことです。どんなに魅力的な相手でも、いきなり「結婚してください！」では引かれてしまうのはわかりますよね。

まず、最初の警戒心を解くための共通の話題として、あえて天気の話をとっかかりにすることは、決して気の利かないことではないのです。〝初めの一歩〟としてきわめて応用範囲の広い時候の挨拶、恥ずかしがらずどんどん使ってみてください。

「インスタグラムを始めたのですが……」などと、相手の得意分野の話題を振って話を促す

▼「接近行動」を利用する

初対面の人と会うのは、誰にとっても気が重いものです。たとえプライベートでも、どこまで親しげに話すか、結構気を遣います。ビジネスの場面ならなおさらです。

いざ対面となり、天気の話が終わったら、あとは話題が見つからず、会話も途切れがち……そんな体験は誰もがしていることでしょう。互いに相手の出方を手探りしていることもあるものです。

そんなとき、無理をして、政治などの時事ニュースを話題にするのは危険。相手がどんな立場にいるのかわからないから、地雷を踏む恐れがあります。野球やサッカーの話だって、ひいきのチームがわからないと同じこと。むしろこういう話題のほうが、より感情的になりやすいので厄介《やっかい》です。出身校を聞いたりするのも、特に初対面の場合は、避けたほうがいいでしょう。

初対面で肝心なことは、相手に話をしてもらうことです。

相手についての情報を少しでも持っていれば、話は簡単。その人が好きなことや得意なことについて、質問してみればいい。得意分野や関心のある事柄については、人はほとんどの場合、乗ってくるものです。

ゴルフでよく言われる「教え魔」というのは、その典型です。少しでもゴルフについて質問したとたん、身振り手振りを交え、もし傘でも手近にあれば、それを手に取って、懇切丁寧《こんせつていねい》にコーチしてくれたりもします。

このように、**好ましいもの（正の誘因）**

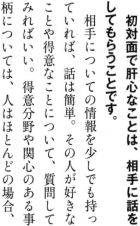

に近づくことを、心理学では「接近行動」と言います。接近行動を取ってもらえるように、話題の選択をすればいいのですが、ここでもひとつ気を付けたいことがあります。

その話題に関して、なるべく具体的に質問することです。ただ、そうは言っても、いきなり具体的な質問はなかなかできるものではありません。そこで「インスタグラムを始めたのですが」などと話題を振ってみて、相手が乗ってきたら次の段階で「見よう見まねで始めてみたものの、使い方がよくわからなくて……。何から始めたらいいいんでしょうか?」などど、具体的な質問をしてみることです。

「それはですね……」と、自分の体験などをしゃべってくれたらしめたもの。その中で、知らない言葉などが出てきたら、それについて聞けば、どんどん話は広がっていきます。

そうなったら、その人について本当に知りたかったことなども、話題にできるようになります。あなたは、相手がそれと気が付かないうちに、さまざまな情報を得ることができるのです。

「実はあがってしまって……」と言葉に出すことで冷静になれる

▼「初頭効果」の活用で第一印象をアップ

第一印象はつき合いが長くなってもなかなか変わらないもの。これは、いったんある人の印象を自分の中で作り上げてしまうと、自分の下した判断が正しいことを証明するような情報を無意識に集めることによると言われています。これを**「初頭効果《しょとうこうか》」**と呼びます。

だからこそ、初対面の人には良い印象を持ってもらいたいもの。でも、そんな気持ちがあるからこそ、初対面の人と話をするのは緊張するものです。

そこで話の本題に入る前に、軽い世間話のひとつでもして場を和らげたいところですが、

「はじめまして。本日はお時間をいただき、どうもありがとうございます」の次に続ける言葉が見当たらない……場を和らげるどころか、気まずい沈黙が流れ、焦る気持ちだけが強くなっていく……。

こんなときは、自分が緊張していることを隠さず、言葉に出してしまうほうがいいのです。

「実は私、口ベタでして……」

「なかなかこういう場ではうまく言葉が出なくて、申し訳ありません」

こんなふうに口に出してしまうと、頭の中がすっきりして、次の言葉がスムーズに出てきたりします。

すると相手が、「実は私も、人見知りなんですよ」と助け舟を出してくれることもあるかもしれません。

会議などで急に意見を求められて、頭が真っ白になったときも、

「あがってしまって、うまく言えるかどうかわからないのですが」

と、正直に言うことで、そのあと驚くほどすんなり話ができたりします。

人は「私は緊張している」と、意図的に言葉に出すことによって、自分を客観的に見ることができるようになり、普段の冷静さが戻ってくるものなのです。

そうなれば、あなたの第一印象も、言葉につまっておどおどした人などとはならず、好印象なものになるでしょう。

「そうなんですか」「なるほど！」とタイミングよく切り出せば、気持ちよく話が続く

▼相槌を活用する言語的「接近行動」

初対面のとき、たとえあらかじめ相手の情報があったとしても、「口ベタだから、うまく話ができなくて会話が続かない……」という方のために、簡単で効果的なテクニックをご伝授します。

それは相手の話に対して、

①相槌《あいづち》を打つ

②うなずく

このふたつだけで相手の気持ちを引きつけ、自分の味方にすることが可能なのです。

動物行動学で有名なデズモンド・モリスは、ベストセラーとなった著書『マンウォッチング』の中で、首の縦振り（うなずき）について、以下の種類があると述べています。

確認：「はい、ちゃんと聞いています」
激励：「はい、非常にいいですね」
理解：「はい、あなたの言いたいことはわかります」
同意：「はい、そう思います」
事実：「はい、その通りです」

こんなにもいろいろなニュアンスを含む「うなずき」を有効活用すれば、たとえ口ベタな人でも、相手の心に入り込むことができます。

また、「そうなんですか」「なるほど！」「へー、面白い」などと、短くてもいいからタイミングよく相槌を打ってあげれば、相手はますます気持ちよく話を続けてくれるでしょう。

そんなことを続けながら、相手が喜ぶ話題を探り当て、相手の気持ちを乗せていく（これを心理学では相手の**言語的「接近行動」**を促《うなが》すと言います）ことが、次の段階に話を持っていくとき、あなたのお望みの方向へ導けることにつながります。

「私もそうです」というキラーフレーズで、相手とあなたの「仲間意識」が高まる

▼「類似性の原理」を利用する

相手をこちらの意のままにあやつる、あるいはそこまでいかなくても、何かに同調してもらいたいと思うときには、相手との共通性を見つけ話題にすることです。人間は自分と似たところがある人に対し好意を抱くものです。それを心理学では**「類似性の原理」**と言います。

そして相手に話をさせ、本音を探るときに効果が高いのが**「私もそうです」というフレーズ**です。

たとえば相手が海外のサッカーが好きだと言ったら、「実は私もそうなんです」と相槌を打つ。日本の試合しか見ていない場合でも、まったく問題はありません。自分の知っている国内のクラブと相手の好きなレアル・マドリードとの違いについてなど、質問し始めたら話題が尽きないに違いありません。

そうやって、互いの知っていることを情報交換するだけで共感を呼び、初対

面とは思えないぐらいの気持ちのつながりができていく。その意味では、相手とつながる話題は、どこにでも転がっていると言っていいのです。日本酒が好きか焼酎を好むかといった話でもいいし、犬派か猫派かという話題でもいい。同世代の人となら、どんなアニメが好きだったかなどという話も盛り上がるでしょう。要は「私もそうです」と言えることならなんでもいいのです。

さらに言うなら、自分が好きなことが話題にならなかったら、単に相手に同意を示すだけで構いません。

「サッカーは一度、生で見てみたいんです」

と、相手の言ったことを肯定するのです。決して、

「サッカーはあまり……。野球については詳しいんですが」

などと正直に言って相手の話の腰を折らないこと。相手は自分が否定されたと思いかねません。どんな小さな点でも、こちらが**同意できることを探せばいい。そして「私もそうです」と、賛意を示せば、糸口は必ず見つかります。**そのとき相手は、いつの間にかあなたの「仲間」になっているのです。

「どう思いますか？」のひと言で話を引き出し、「聞く7割、話す3割」を心がける

▼言葉やしぐさによる「強化」を利用

自分の失敗談を披露したり、あまり人に言えないような恥ずかしい話をさらけ出したり……と、こちらは一生懸命に自己開示しているのに、なんとなく話が弾まないときがありますよね。そんなときに、ますます面白おかしく話を盛ったり、ウケ狙いを連発しても、場はしらけるばかりです。

基本的に**人は、他人に自分の話を聞いてほしいもの。**それなのにあなたは、相手のそういう感情に無頓着に、自分だけしゃべってしまうという誤りを犯したのです。相手は話し続けるあなたをよそに、どんどん気持ちが冷えてしまいます。

こんな場面で気を付けたいのはひとつだけ。一度あなたが話をやめること。それが、その場を救う一番の特効薬です。ただちに話をやめ、「すみません、ついつい自分の話に夢中になって」と断ってから、

「○○さんは、これについてどう思いますか」と、相手にパスを渡す。「今度はあなたが思う存分話してください」と水を向けるのです。そうすれば相手は、遠慮なく話を始めることができるでしょう。

相手が話し始めたら、あなたは適度にうなずき、相槌を打つだけでOK。つまり、**相手の話を引き出したいときには、まずは聞き役に回る**べきなのです。

では、ただずっと話を聞いていればいいかというと、それも違います。相手は、あなたが自分の話に興味を抱いていないのかと不安になったり、聞き流しているだけかと、不愉快な思いをする恐れもあります。相手の本音を引き出し、自分の有利な方向に相手を誘導したいときには、**「聞くのを7割、話すのを3割」**にするのがベスト。これが一番、相手が気持ちよく感じる割合なのです。

実際には、自分が話すのが3割というのは、話すのをかなり意識的に我慢しないと実現できません。「私はほとんどしゃべっていない」と感じるぐらいが適当だと心得ましょう。

では、そういう聞き上手になるためのコツは何でしょうか。それは、相手に

「手応え」を感じさせることです。あなたも経験があると思いますが、堅苦しい集まりのスピーチでは、自分が話をしていても聞き手の側から反応が得られないものです。自分の話に感銘《かんめい》を受けているのかあるいは聞いていないのか、笑い声や拍手などのリアクションがないから、まるで手応えがつかめない……。

初対面の1対1の会話でも、まったくそれは同じことです。大きく相槌を打ったり、笑ったりして聞いてくれる相手には、がぜん、張り合いが出ます。そこで、「へー、それでどうなりました?」とか、「なるほど、面白いものですね」などと合いの手を入れれば、相手はますます乗ってくるでしょう。

これを心理学用語では、**言葉やしぐさによる「強化」**と言います。私たちの自発的な行動は、それに対する「結果」で増えたり減ったりします。「言語行動」もその例外ではありません。「水をください」と言葉を発した結果、冷たくおいしい水にありつければ、それが「強化」となり、似たような状況では同じように言う、つまり同じ言語行動が生じる「確率」は高くなります。

あなたの相槌や笑い声などの反応は、相手をますます気持ちよくさせ、舌の運びも滑らかにします。これは、言葉やしぐさによる「強化」なのです。

「なぜそれを使っていらっしゃるのですか？」と、相手がこだわっているものを話題にする

▼「自我関与」の強いものを見つける

ほめることが大事というのは、何も子育てについてだけの話ではありません。人間関係を深める上でも、ほめることはとても効果的です。多少なりとも相手について知識があるときは、仕事の成果や趣味などを話題にできるし、そこでほめるべきことも見つかるでしょう。

では、まるっきり初対面で、まったくどんな趣味嗜好があるのかなどがわからないときはどうしたらいいでしょう？

相手がそれをお世辞ではなく、**本当にほめられたと喜べるのは、「自我関与《じがかんよ》」が強いものをほめられたとき**です。そのものやことが大好きで、価値を認めている事柄に対しては、人は強い関心を抱きます。こういった**自我関与が強いものをうまく見つけ出して、話題にすればいい**のです。

まったくの初対面の人でも、しばらく話していれば、会話の中からこだわっ

ているものが見えてきます。どんな人でも、こだわっているもの、思い入れが強いものはあるものです。それが話題になればうれしいと感じます。すると、その話題に対する反応が違ってくるのです。

あるいは、ファッションや持ち物を観察すれば、こだわりや趣味嗜好、傾向が見えてきます。そういうものを、話の中に取り上げていけばいいでしょう。

たとえば、メモするときに万年筆を取り出したことに気づいたら、

「最近珍しいですね！　なぜ使っていらっしゃるんですか？」

「海外のものですか？　日本ではどこで売ってるんですか？」

などと、突っ込みを入れれば、聞かれたほうも喜んで答えてくれるでしょう。そうなったらこっちのもの！

ここでひとつ、ご注意を。相手が女性だったら、容姿に関することは話題にしてはいけません。たとえ美人だったとしても、それを話題にすると、逆に警戒されて会話が途切れたり、今日の世の中では、悪くするとセクハラと嫌がられる恐れもあります。容姿をほめるのは、もう少し会う機会が増えたあとにするのが得策というものです。

相手の口調をまねすると、知らない間に親近感を抱いてくれる

▼「同調行動」を活用する

心理学には**「同調行動（コンフォミティ）」**という用語があります。

同調行動とは、相手の調子に合わせること。街を歩いているカップルを観察していると、２人がだんだん同じリズムで歩くようになるのがわかります。気の合った者同士だと自然にそうなってしまう。これが同調行動です。

また、尊敬している上司や好きな俳優などと、話し方やしぐさが似てくるというのも、同調行動の一種です。

これを意識的に使って、初対面の相手に気に入ってもらうことができます。人は指向性・人間性・趣味嗜好などが似ている人を好きになる傾向があります。だから、**相手に好かれたければ相手をまねすればいい**のです。

たとえば、その人の話し口調、言葉遣いなどに意識的に合わせて会話する。すると、相手は知らず知らずのうちに、気分よく話せるようになります。

相手が慎重に言葉を選びながら、ゆったりとした話し方をする人だったら、あなたも話すスピードをゆっくりにしていけばいい。相手の人が、身振り手振りが大きく、よく笑う人なら、あなたも動作を大きくして、ところどころで大きく笑ってみる。

そうすれば、相手はそれと気づかないうちに、あなたに対する親近感を抱いてくれるものです。

もし相手が、あなたのやっていることに気づいたとしても「気を遣ってくれているのだな」と感じて、好感につながり、自然に会話は弾むでしょう。

「どちらのご出身ですか?」は、初対面でも話が続く鉄板フレーズ

▼「共通性」を活用して相手への思いを示す

時候の挨拶をかわしたら、次に共通の話題として活用できることのひとつに、出身地に関する質問があります。

「どちらのご出身ですか?」という問いかけは、私はあなたに関心を持っていますよというサインでもあるのです。ただし海外では、出身地を尋ねることはタブー。出身地域や国、民族に対する差別につながるからです。

ただ日本では、「どちらのご出身ですか?」という問いには、聞かれた人は好きなレベルで答えられるので、どんどん話題にするといいでしょう。質問された人は「神奈川県です」と答えてもいいし、「横浜です」と答えてもいい。中には、「本牧《ほんもく》の生まれ育ちなんですよ」と自分のアイデンティティを示す答えをしてくる人もいるでしょう。もし出身地が同じなどの共通性が見い出せたら、「しばらく帰ってないのですが、あのあたりも変わったでしょうね?」

などと、相手が喜んで教えてくれそうな話題に誘導しましょう。相手は気持ちよくいろいろな話をしてくれ、次の会話のヒントも見つけやすくなります。

もっとも、同じ出身地という確率はそれほど高くはありません。そんなときでも、「知り合いであなたと同じ出身地の男がいますが、よく故郷自慢をするんですよ。東京で食べる○○は、本当の○○じゃないなんて……」などと話を進めていけば、会話は続きます。

また出身地を聞いたとき、「鹿児島なんですよ」などという答えだったら「ああ、西郷隆盛《さいごうたかもり》の出たところですね」と、関係のある話題で返してみましょう。「そうなんです、実は実家が西郷さんの屋敷があった所の近くにあるんですよ」などと相手が乗ってくれれば、あなたはしばらく聞き役に徹することで、相手は気持ちよく会話を続けることができます。一段落つくころには、あなたに対する親近感もぐっと増していることでしょう。

あるいは相手の出身地があなたがよく知らない土地だったとしても、「名物は何ですか?」とか、「そちらの出身の有名人はどなたですか?」などと聞いてみればいい。故郷の話題なら、たいていの人は快《こころよ》く話をしてくれるものです。

出身校の話題が出たら、相手のさりげないサインを見逃すな！

▼「固有名詞」に注目する

初対面の人とある程度話が弾んできたとき、お互いの出身校に話題が及ぶことも少なくないでしょう。この話題は、うまくいけば大いに話が盛り上がり、昔からの知り合いのように意気投合することもできます。でも出身校の話題をあまり好まない人もいるので、若干の注意が必要です。

たとえば「大学時代はね～」ですむような話題なのに、ことさら「早稲田のときは～」とか、「教養のときは駒場の近くに住んでいたんだけど……」などと、**固有名詞を挟んでくる人がいたら……そういうときは、すぐ、その話題に飛びつくべし。**出身大学への愛着が強かったりするから、わざと他人が気が付くように、具体的な地名を出していると思って間違いありません。

「おっ、早稲田だったんですね。すごいな。ラグビーの早明戦は、昔はチケットをとるのも大変だったらしいですね」

などと水を向けてあげれば、「そうなんですよ、実は……」などと、乗ってきます。そうしたら、相槌を打ったり質問を挟んだりしてあげれば、相手はますますうれしくなって、あなたに対する好感度がアップするのは確実です。

こういうパターンはいくつかあって、会話の中に、「○○大臣とは実は同期でね」とか「△△選手が練習のあとで行っていたというソバ屋があって……」などと、有名人の名前を入れ込む人には、すぐ「ああ慶應《けいおう》の出身なんですね」とか「へー、横浜高校ですか？　まさか野球部じゃないでしょうね！」などと反応してあげるといい。

あるいは持ち物などを見て、ネクタイがスクールカラーだったり、出身のサークルの名前が入ったバッグを持っていたりするのに気が付いたら、

「ひょっとして明治大学のご出身ですか？」などと質問してみよう。

「おっ、鋭いですね、どうしてわかりましたか？」

などと、相手が答えを返してくれたら、

「紫紺《しこん》のネクタイをされているので、明治のスクールカラーではないかと思いまして」などと答えればいい。あるいは「なんとなく頭の良さそうなイメージ

がして」などと答えておくのも、相手を気持ちよくさせるのには好適です。そうすれば**相手は、「カンのいい人だな」と、あなたへの関心を高めてくれます。**

もちろん、自分と同じ学校の出身だったりしたら、言うことはありません。「いやぁ、先輩だったんですね！」などと呼びかければ、たちまち打ち解けて、互いの距離が縮まるでしょう。出身校の話題の不思議さです。

気を付けなければならないのは、逆のケースです。相手に学歴コンプレックスがあったり、出身校にいい思い出がない場合は、この話題は絶対に避けなければいけません。学歴コンプレックスがある場合だけでなく、たとえば東大出身者でも、案外そのことに触れられるのを嫌がることがあるのです。「合コンで、東大出身と言うと女性陣に引かれるんですよ。だから大学を聞かれるといつも、ウヤムヤにするんです」という人も少なくありません。

こういう人は、出身大学の話題になったりすると話を変えようとするので、それに気が付いたら絶対に深追いしないこと。子ども時代に見たアニメ、嫌いだった給食のメニュー、話題になりそうなネタはほかにいくらでもあるものです。

「○○さんは」と相手の名前で呼びかけると親近感がわき、本音を引き出しやすい

▼親しい関係という「錯覚」を利用

毒舌で人気の毒蝮《どくまむし》三太夫《さんだゆう》さんは、ラジオ番組の中でわざと「このババァ」などと乱暴な言葉で話しかけます。この呼びかけは初対面の人から話を引き出すときの有効なテクニックのひとつです。「おかあさんは」とか「おばあちゃん」という呼び方は、普通は親しくなければしないもの。

これは初対面であっても、その場で親しさを感じさせるための、いわば「つかみ」なのです。こうしてワッと笑いをとれば、インタビュー慣れしていない人でも、気持ちが楽になり、インタビュアーは話が引き出しやすくなります。

同じテクニックに、会話の中で話している相手の名前を呼ぶというものがあります。「あなたは」とか「そちら様では」などと言うのではなく、「佐藤さんは」とか「鈴木さんの会社では」などと、相手の名前を出すと、もう名前を覚えてくれたのかと、相手は好印象を持ちます。あるいは一瞬、オヤッと思い、「親

しみやすい人だな」と、会話に身を入れてくれたりするでしょう。

名前を呼び合う関係は、イコール親しい関係であり、相手は**名前を呼ばれることで、すでに親しい関係であるかのような「錯覚」に陥る**のです。

だから、名刺交換をしたときには、座っている場合は見えるところに名刺入れを置き、その上にさりげなく相手の名刺を重ねておいて、名前を確認しながら、

「○○という話があるのですが、太田さんはどう思いますか？」

「こういう場合、田中さんならどうされますか？」

などと、質問の間に相手の名前を入れ込んで会話をするといいでしょう。

立食パーティーのような場合なら、名刺を直接ポケットにしまい、取り出しやすくしておいて、名前を忘れたり、うろ覚えで確認したいときなどは、カンニングペーパー代わりにするのがうまいやり方です。

でも、あまりに頻繁に名前を入れられると、相手が不快感を覚えることもあるので要注意です。では、どのくらいの割合で、名前を挟むのが一番いいのでしょうか。こんな心理実験があります。

初対面の男性と女性に話をさせます。男性にはあらかじめ、会話の中で女性の名前を頻繁に入れるよう頼んでおきます。実験時間は15分。何回か実験を繰り返した結果、2分に1回くらいの頻度で名前を入れ込むと、相手の女性が一番いい印象を持つことがわかりました。それ以上多いときには、「なれなれしい」と感じるし、「わざと名前を呼んで、いい印象を持たせたいと思っているのではないか」などと、意図をすっかり見抜かれていました。

適度に名前を挟み込むこのテクニック、そんなに難しくないので、さまざまな場面で応用してみてはいかがでしょう。

男性には「**渋いですね**」、女性には「**癒やし系ですね**」など抽象的な言葉でほめる

▼「自己説得効果」を利用する

初対面で、相手にどんな長所や実績があるのかなど、まったく知らないという場面に遭遇することもあります。こういうときはなるべく相手に話してもらい、人となりや関心事を知ることが肝心です。こんな場合に使える便利なテクニックがあります。

それは「なるべく**抽象的に話す**」ことです。具体的な情報がないから抽象的に話すわけではなく、もっと心理学的な意味があるのです。

たとえば、男性が相手なら、「器の大きさを感じますね」とか「渋いですね」などと言ってみる。女性に対しては「癒し系ですね」とか「独特の雰囲気を持っていますね」などとほめる。具体的なことは言っていないのに、なんとなく言われたほうは心地いい、というような表現です。

これを「俳優の○○さんに似てますね」とか「モデルのようにスラリとして

いますね」などと具体的に言ってしまうと、その俳優が嫌いだったり、やせすぎているとと体形を気にしていたりしたら逆効果です。場合によっては「なに歯の浮いたようなことを言って」とか「ミエミエだなあ」と不快に思われる危険さえあります。

それにひきかえ、**抽象的な言葉は、解釈の幅が広いのです。言われたほうは、自分で勝手にいいように解釈して、満足してくれます。**「そうなのかなぁ、この人は、自分でも気づかなかったところをよく見てくれている」などと、あなたに好意を抱くことにもなるでしょう。

何より、自分で出した解釈や結論というのが重要なのです。人はそれに一番納得し、受け入れます。これを「**自己説得効果**」と言います。

抽象的なほめ言葉は、聞いた側の好意的な解釈を通して、ポジティブで説得力のある「暗示」としての力を発揮するのです。初対面の人とのコミュニケーションに有効な心理テクニックといえるでしょう。

第2章

ひと言で 気になる相手を味方につける心理術

「どうしたんですか？　本当に大丈夫ですか？」とあえて2度聞いて、相手の心の奥を引き出す

▼助けを求める「潜在意識」に働きかける

心配そうな様子をしている人や、不安げな気持ちを表情に出している人がいたら、たいていの人は、「どうしたんですか？」と声をかけてみるでしょう。

そのとき、

「いえ、なんでもありません」

などと返事がきたら、ほとんどの場合、

「そうですか。それならいいんですが」

と、心配な気持ちを抱きながらも、引き下がることが多いように思います。

他人のプライバシーに立ち入らないというのが、昨今の日本の礼儀にもなっているから、それは仕方がないかもしれません。でも、ここであえて、

「本当に大丈夫ですか？　何かできることがあったら遠慮なく言ってください」

などと、**もう一度声をかけることが大切**です。

大きな悩みを抱えている人、心配事があってどうしたらいいかわからない人などは、心に強いフラストレーション（欲求不満）を抱いています。そして自分では意識していなくても、**そのフラストレーションを、誰かの手助けで解消したいと思っているものです。**

だから、声をかけてくれた人に対して、最初は、どうせわかってくれるはずがないと思い、

「いえ、なんでもありません」と答えてしまっても、

さらに「本当に大丈夫ですか。とても心配です」と、もうひと押ししてくれる人がいたら、

「そこまで熱心に言ってくれるんだったら、甘えてみようかな……」

そんな気持ちが芽生えてくるもの。実は、そういう気持ちが潜在意識の中にはもともとあり、他人に対する遠慮や警戒心が先立って、出せなかったのです。

だから、一度の声かけで引き下がるのではなく、もう一度、声をかけてみることがとても大切です。そうすれば、相手の気持ちが動き、ぐっとあなたに引き寄せられるでしょう。

もちろん、大きな悩みは、他人に打ち明けただけでは根本的に解決するわけではありません。でも、人に話すことは、実は自分を客観視することでもあり、自分の悩みの質や内容が整理されてくることでもあります。そして、この方向に解決策がありそうだとか、先が少し見えてくる可能性も大です。

また、人に話すことによって気持ちをすっかり吐き出して、大きなカタルシス（浄化作用）を得ることにもなります。それで、大きいと思っていた悩みが、実は意外とそうでもないと気づくこともあるし、気持ちが楽になり、そのことと向き合おうという気力がわいてくることもある……そんな経験は、大なり小なり、誰もが持っているでしょう。

悩んでいるときこそ人の助けを求めているもの。だから、最初は取り合ってくれなかった人でも、重ねて心配や優しさを示せば、気持ちを向けてくれます。「もう一度、声をかけること」は、他人の心を引き寄せる大事なテクニックのひとつなのです。もちろん、あえて二度目の声をかけたからには、真剣に、親身になって相手の話を聞くことが大切なのは、言うまでもありません。

「○○さんを見直しました。なぜって……」と、苦手な人の〝いいとこ探し〟をして発信する

▼「好意の返報性」を利用する

誰だって、嫌いな人、あるいは嫌いとまではいかなくても、苦手な人はいるでしょう。なんとなくウマが合わないという人もきっといるはず。でも、職場や学校では、そういう人とも頻繁に顔を合わせなくてはなりません。

そんなときはどうしたらいいか？　会う機会をなるべく作らないように逃げ回るのは下の下です。精神衛生上良くないし、第一、嫌だと思う相手が上司や取引先、あるいは先生だったりしたら、避けているだけでは根本的な解決になりません。こんなときには、相手も同じような感情を持っていることが多いので、なおさら始末に負えません。

こういう苦手な相手とうまくつき合い、できれば自分の味方にしたいというとき、いったいどうしたらいいのでしょうか？

正解は、**自分のほうから〝実は相手に好感を持っているのだ〟と態度で示すこ**

とです。

「そうは言ったって、もともと好感を持ってないんだから、無理だよ」と思う人も多いでしょう。そこで、利用できる心理テクニックをご紹介します。

それは、**どんな小さなことでもいいので、相手のいいところ、好きになれそうなところを探す**ことです！

相手の存在「全体」をいきなり好きになるなんて無理な話です。しかし、相手の中にもどこか好きになれる（少なくとも認めることのできる）「部分」は必ずあるはずです。その気になって探せば、必ず何か見つかります。

たとえば、「靴だけはいつもきれいに磨いているな」とか「メールの返信は早いぞ」とか「出社時間だけは早いな」等々。そんな些細なことに目を向けているうちに、「上司にもはっきりものを言う奴だな」などと、好きになれそうな要素がだんだん見つかってくるでしょう。

あるいはあなたが親しい人に「○○さんの良さってなんだろう？」と聞いてみたっていい。あなたが知らない、意外な一面を教えてくれるかもしれません。

そうしたら、そこをまず好きになることです。

そして次に、**そのことをそれとなく発信する**こと。たとえば苦手な相手と親しい人に、「○○さんを見直しました。なぜって……」などと話してみます。そういう話は、意外と早く伝わるもの。そうすると、相手も「へぇ、彼が私のことを評価してくれているんだ」という気持ちになり、好感を示してくれたり、はては見方を変えてくれたりするでしょう。

これを心理学用語では「**好意の返報性**」と言います。**好意を示されると、示されたほうも、なんらかの好意を返してくれる**ということです。男女間でも、初めはなんとも思っていなかった異性が懸命に好意を示してくれると、その人を好きになってしまうことがあるもの。これも「好意の返報性」が働いた例です。

そのためには、最初に示す好意はあくまでも本物でなくてはなりません。そうでないとかえって、「心にもないことを」とか「口先だけならどうとでも言えるさ」と、逆効果になりかねません。

そのために、最初に述べたように、どんな小さなことでもいいから、本当に好意を持てることを探すことが肝心なのです。

「ちょっと近くまで来たもので……」と訪ねることで、相手に負担をかけずに親しくなれる

▼「単純接触の法則」を活用する

「この人と仲よくなりたい」「もっと関係性を深めたい」と思う人がいたとします。でも、その相手が取引先、あるいははるか年上だと、そうそう気軽に飲みに誘ったり、訪ねていったりはしにくいものです。**そんなときに使えるのが、「ちょっと近くまで来たもので、お寄りしました」というフレーズです。**これを口実に、こまめに顔を出すのが上策です。

こう言われた相手は、それほど気持ちの負担にならず、素直に会ったり断ったりできます。また、相手が忙しそうだな、機嫌が悪そうだななどと思ったら、すぐ「失礼しました、今日はこのまま帰ります」と、さっと引き上げることが肝心です。

そうすれば相手も、時間があるときは、「せっかく来たんだから少し話していけよ」と言ってくれる可能性が高いし、都合の悪いときに察知して帰ってく

れた相手には、「次は会ってあげようか」という気にもなります。

大事なのは、**これを頻繁に繰り返すこと**です。実際に話せなくても、接触する回数が増えるし、その都度《つど》ちょっとした会話もでき、相手に負担をかけずに親しくなれるチャンスが高まります。**人間は頻繁に顔を合わせたり話したりする相手に親しみを感じるもの。これを「単純接触の法則」と呼びます。**

時間は短くても回数を多く訪ねることが大事。

1回だけ1時間より、10分ずつ6回会ったほうが、親しさが増すのです。

「〜あげましょうか」ではなく、**「〜しましょう」**という言い方で好感度を高める

▼「自発性」を強調する

せっかくのあなたの好意の申し出が、言い方ひとつで逆効果になることもあるから気を付けましょう。

たとえばこんな場面です。隣のデスクの同僚が、終業時刻間際にそわそわして時間を気にしている様子です。そんなとき、その同僚が上司から残業を言いつけられました。

「大変だな。確かあの人は、今日、子どもを保育園に迎えに行かなくちゃいけなかったんじゃないかな」などと事情を知っていれば、あなたも当然、助けてあげようという気持ちになるでしょう。手伝うことで、さらに親しい関係を築けるかもしれません。そこで、「大変だね。僕が手伝ってあげるよ」と申し出ました。でも、意外や意外、断られてしまいました。なぜでしょう？

それはおそらくあなたの言葉の中の、ちょっとした「ニュアンス」のせいです。

まず、「手伝ってあげるよ」という言い方が良くありません。よほど親しい間柄でもない限り「～してあげるよ」というのは、どこか恩着せがましく感じられるものです。

こんなときには、**「お手伝いしましょう」と声をかければいい**のです。ほんの少しの違いですが、意外とこの差は大きいもの。

「～しましょう」という言い方には、「～してあげるよ」に比べて、押しつけがましさや恩着せがましさがありません。この申し出が「自発的」なものであり、そんなに大変な犠牲を払ってはいないよ、というニュアンスで伝わるのです。つまり、言われたほうは「本心から親切で言ってくれているな」という気持ちになり、「ありがとうございます」と、素直に受け入れやすいのです。

私たちは、ついつい「やっといてあげるよ」「買ってきてあげるよ」などと、無意識に言ってしまいがちです。会社などでは多くの場合、損得勘定、貸し借り勘定が先に立つので要注意です。あなたがそう言われたときの気持ちを想像すれば、わかるでしょう。自発性を強調する表現は、相手も受け入れやすく、「～しましょう」と申し出てくれた相手には、好感情を持つのです。

人は**自己評価**が下がったときほど、他人の優しい言葉に弱くなる

▼「自尊の理論」を活用する

「失恋して落ち込んだ女性が、そのときそばにいて自分を優しく励ましてくれた男性を好きになってしまった」という話は、ドラマでもよくあるし、実際に身近でもあるのではないでしょうか。もちろん男女が逆のパターンもあります。これは心理学的に考えると、十分にあり得ることです。先に説明した「好意の返報性」や「近接性（近くにいると親しくなる）の原理」が働くからです。

それに加えてこんな理論があります。**「自尊の理論」**です。アメリカの心理学者ウォルスターは、自分に対する評価と好意の持ち方との関係を、ある実験で解明しました。

まず、女子学生たちに性格テストを実施した後、別の部屋に待機してもらいます。その部屋に男子学生を送り込み、しばらく雑談をしたあと、デートに誘わせます。男子学生はウォルスター博士があらかじめ仕込んでおいた学生です。

デートの誘いのあと男子学生が部屋を出てから、女子学生に最初に受けた性格テストの結果を知らせます。このとき、知らせるのは実際の検査結果ではなく、実験用に用意した２種類のニセの結果です。

Ａには、テストを受けた女子学生が自分に自信を持てるようないい結果、高い評価が書かれています。Ｂには逆に、女子学生が自信を失うような低い評価が書かれています。

そのあとに、デートに誘われた男子学生に対して、どのくらいの好意を持ったかを彼女達に答えてもらいました。

その結果、性格テストでＡの高評価

を得た女子学生は、男子学生に対して好意を示す度合いが低かったのに、Bの否定的なテスト結果をもらって気分の落ち込んだ女子学生は、男子学生に対する好意の度合いが高かったのです。つまりテスト結果が悪くて**自信をなくした（自尊心が低下した）女子学生は、男子学生がデートに誘ってくれたことを思い出し、傷ついた自尊心（セルフエスティーム）を回復させていた**のです。

気になる女性がいる場合、その人が落ち込んでいるときこそがチャンス。そばにいて優しい言葉をかけて、その女性の価値を認めていることをアピールすれば、あなたが彼女の愛を得られる可能性も高まるでしょう。

これは何も、男女間に限った話ではありません。会社やグループの中で、味方になってもらいたい人がいたら、この方法を応用してください。その人の様子をよく観察していて、上司に怒られたり、何か失敗をしでかしたときには、すかさず「大丈夫ですか？」「何か手伝えることがあればやりましょう」などと声をかけます。それがきっかけとなって、もっと親しくなったり、信頼を勝ち得ることができるでしょう。

「私たち」のひと言で仲間意識を高めると、実際に親しくなれる

▼「連帯感」を作り出すマジックフレーズ

アメリカのオバマ元大統領と聞くと、最初の選挙戦を戦った2008年のときに、彼が何度も繰り返し使った言葉〝イエス・ウィ・キャン〟を連想する人も多いのではないでしょうか。「そうだ、私たちはできる」、力強く訴えたこのワンフレーズは、初当選の大きな力となったと言って過言ではありません。

ここで注目したいのは、この**「私たち」という主語**です。

一人称を表す主語には、単数を表す「私」と、複数を表す「私たち」があるのはよくご存知でしょう。この「私たち」という主語が意味するところはなかなか深い。オバマ氏が「私たち」と使ったのは、単に自分が属している民主党を指して言ったのではありません。それを含めて、広くアメリカ国民に対して発したメッセージなのです。私はできる、あなたもできる、私たちもできる、あなたたちもできる、この4つの意味を含めて、〝イエス・ウィ・キャン〟と

有権者に呼びかけたわけです。

日常生活でも、「この問題は私たちで解決しましょう」などと言われると、その人との関係が、急に深くなったような気がしませんか。日頃気になっている異性から「私たち」と言われたらうれしくなるし、会社の上司から、「これは俺たちの問題なんだ」と言われたら、自分のことをワンチームの一員と認めてくれたのかと、やはりうれしさを感じるでしょう。

つまり**仲間意識や連帯感を醸し出す言葉が「私たち」**なのです。

この言葉の効果を、意識的に利用しない手はありません。誰かが困っていたら、「その問題には私たちで取り組みましょう」と声をかけてあげれば、相手はきっとあなたの提案を受け入れ、感謝してくれるでしょう。

ただし、あまり親しくなっていないうちにこの言葉を使うと、何か魂胆《こんたん》があるのではないかなどと、警戒される場合もなきにしもあらずです。

ある程度近しい関係にある人に対し、頃合を見計らって、「私たち」を使ってみて、相手が嫌がらなければ、新しい関係を築いていける兆候と思っていいでしょう。

「ご承知と思いますが」のひと言で、相手はぐっとあなたの話に引き寄せられる

▼「虚勢」の有効活用

会話や議論をしていて、「ご承知と思いますが」とか「すでにご存知のように」などと前置きされたとき、あなたはどう思うでしょう？

たとえそのことについて知らなかったとしても「それってなんですか？」とは聞きづらいものです。相手は当然知っているものとして話をしているので、そこで「知らない」と言ってしまうと、同等の相手とは見なされないような気がして、つい**虚勢**を張ってしまいがちです。

おそらくあなたは、会話の中から、その言葉の意味がわかるヒントを探ろうとして、相手の話を集中して聞こうとするでしょう。これがこの「ご承知と思いますが」という言葉のマジックです。

真剣に話を聞いてもらいたい人がいたり、説得したい相手がいるときには、この「ご承知と思いますが」という前置きはとても役に立ちます。

どんな人でも、自分が無知とは思われたくないし、知らないと告白することは勇気がいります。知っていないとまずかったのかな、などという気持ちも働きます。そんな心理のアヤを突くのが、このフレーズなのです。

だから、あなたが自分の論旨に相手を引きずり込みたいとき、あるいは主張を通したいときには、話の山場で、「すでにご承知と思いますが、『乗数効果』により……」などと挟んでみてください。『乗数効果』を知らなかった場合（多くの人は自分の専門外の言葉は知らないものです）、ここで**有効な反論ができなくなります。**

逆に「ご承知と思いますが」と話を振ったとき、相手がそのことを〝先刻ご承知〟という状態だということも十分考えられます。

そんなときには「ああ、知っていてよかった」と思い、**その後の話を余裕を持って聞いてくれる**でしょう。また、「この人もよく知っているな、これは深い話ができそうだ」と、より興味を抱くことも考えられます。

どちらの場合でも、あなたの話により一層、身を入れて聞いてくれる結果になること請け合いです。

「また近いうちに○○します」という別れ際のひと言で好印象を演出できる

▼「親近感の余韻」を残す

仕事でもプライベートの場合でも、しばらく一緒の時間を過ごしたあと、別れるときのひと言はとても大事です。ごく親しい友達同士なら「サヨナラ」とか「それじゃあね」ですむかもしれません。でも、これから人間関係を築きたいと思っている知人や、取引先の関係者と別れるときなどには、ちょっとした工夫が必要です。

「お世話になりました」、「ここで失礼します」、「今後ともよろしくお願いします」などの通り一遍の挨拶の他に、次のひと言を付け加えることです。

「また近いうちに、○○します」

○○のところは、なんでも構いません。「お誘いします」でもいいし、「一杯やりましょう」でもいい。そこまで言う関係に至っていなければ**「ご連絡差し上げます」**とか**「ご一緒させてください」**でも**OK**です。

別れの挨拶のあとのひと言が親密さを増すというのは、心理学的には定説です。「お互いの関係は続きますよ」という確認になっているためです。

「また会いたい」「近いうちに○○したい」ということは、とりもなおさず、今日の出会いが「良いもの」だったという確認でもあります。ディズニーランドじゃないですが、素晴らしい体験だったからこそ人はリピーターになる。「あなたにまた会いたい」というのは最高のほめ言葉のひとつなのです。

英語でも、別れ際の挨拶は〝See you later〟とか、〝See you sometime〟などと言います。これは実際にあとで会うときでも会わないときでも使えるフレーズです。〝Good bye for now〟という表現もあります。これは、for now＝今は、Good bye＝さようなら、でも、また会うよね、という含みが感じられます。

中国語でも、別れの言葉はツァイツェン、漢字で書くと「再見」。これも「また会おう」という意味ですが、実際に会わない場合でももちろん使います。

つまり、**親近感の余韻を残す言葉が、「また近いうちに」**なのです。このマジックフレーズ、大いに使ってみてください。

話をよく聞き、**どんどん質問すれば、**相手はあなたに好意を抱き始める

▼「心理的接近行動」を引き出す

仕事上の大事な得意先なのに、どうしてもその人と趣味が合わない、その人の話に興味を持てない、ということが時々あります。

うわの空で相槌を打っていても、話の内容への反応が鈍いと、相手にわかってしまい、あまりの張り合いのなさに、話すのをやめてしまうかもしれません。

そして、あなたへの不愉快な気分、あなたへのマイナス評価ばかりが残っていく……。その段階で止まればいいのですが、気持ちがエスカレートして「あの人とは、もう会いたくない」という感情さえ芽生え始めるかもしれません。

これは大きなピンチ！　そうならないようにするためにはどうすればいいでしょうか。まず**最初は無理矢理でもいいので、相手の話をよく聞く**ことです。メモを取るのもいいでしょう。とにかく、相手に話を続けてもらうこと。

そして「そのアプリは使ってなかったのですが、そんなに面白い機能がある

んですね！」などと、興味を示しながら、とにかく話を聞きます。**大事なのは、相手の話を肯定的に聞き、どんどん質問すること**です。話し手は自分が評価されたような気持ちになり、あなたとは感覚が同じかもしれない、などと考え始めます。そうなればしめたもの。あなたへの親近感がわき始めるし、あなたに興味を持つようになるかもしれません。

熱心に聞いてくれる人がいることで、相手は話を続け、その結果、さまざまな情報を提供してくれることになります。そのような相手からのさまざまな働きかけを「**心理的接近行動**」と言います。

心理的接近行動は、やがてその対象への好意に発展します。つまりあなたに対する気持ちは、一層好ましい方向に強化されることになるのです。

最初は演技でいいので、相手の話を肯定的に聞くことが重要です。するといつしか、あなたの気持ちも、本当にその話に興味を持つようになるものです。「笑顔を作ると、自然と気持ちも愉快になる」という心理効果はよく知られていますが、それと同じことが、人間関係においても起きるというわけです。話を肯定的に聞くことが、自然に相手の好意を引き出すのです。

交渉事や要望をするときは、**ランチョンテクニック**が手っ取り早い

▼「連合の原理」で好感情を引き出す

「ランチョンテクニック」という言葉をご存知でしょうか。「ランチョン」とは、ひとつ目の意味としては正式な昼食、午餐《ごさん》のことですが、ふたつ目の意味として、軽い昼食のことも指します。まあ、昼食と思えば間違いないでしょう。

食事とは人間の本能を満たす行為で、人は食事をしているときは、人間関係や利害関係の対立を避けようという気持ちになります。そのため、**食事をしながらだと、要望や交渉事が受け入れられる確率が高くなる**のです。

それを意図して「食事をとりながら、交渉事、打ち合わせをする」のが、**ランチョンテクニック**です。最初にこれを提唱したのは、アメリカの心理学者グレゴリー・ラズランで、ラズランは、次のような実験を行いました。

被験者（実験を受ける人）に、まずある政治的主張を示します。次に、食事をしている最中に、同じ政治的主張を示します。すると、同じ内容であるにも

かかわらず、被験者は食事中のほうが、その内容を好意的にとらえたのです。しかし、この政治的主張の中身については、被験者は内容を思い出せませんでした。つまり内容を理解して変化したのではなく、変化した理由は食事をしていたからだと解釈されるのです。

食べているときの開放的な気分が、相手の話も聞こうとする心の働きとなるのです。また、おいしいものを食べたときの心地よい感情が、食事中の話と結びついて、いい印象として残ります。これは**「連合の原理」**と呼ばれます。つまり、食事をしていたときの場面を思い出すと、心地よい体験が連想されてくるので、そのときの話題や話し相手に対する好感度が高まるのです。

日本の政界には「料亭政治」という言葉があります。政局が煮詰まると、国会での論戦ではなく、赤坂などの高級料亭に政治家が集まって話をつける。これはある意味立派なランチョンテクニックです。

もし、**要望を受け入れてほしい相手がいたり、交渉事があったりしたときは、食事に誘ってみてはどうでしょう。**もちろん、気に入った異性にも応用できるということは、皆さんもうご承知ですね。

「じゃあ、今日はご一緒しようかな」と、相手の誘いを受け入れると〝いい変化〟が起こる

▼「同調効果」を利用する

自分は口ベタだし、他の人と一緒にワイワイ騒ぐのが苦手だと思っている人でも、たまには周りの人と同じことをしてみることをおすすめします。

他の人に従う心理を**「同調効果」**と言います。これは大きくふたつに分けられます。

ひとつは、本当はそんなことはしたくないが、集団の中で波風を立てたくないので、やむを得ず多数の意見に従うという屈辱的同調です。

もうひとつは、他の多くの人に刺激を受けて自分もやってみたくなるという、内在化による同調です。

自分の意に沿わないことは絶対に嫌だと思う人もいますが、職場や地域社会、集団の中で生きている限り、ある程度の同調行動は取ったほうが無難です。

行列しているラーメン店に並ぶ、評判になっている映画を見るなど、それまで

興味を持てなかったことをすると、自分の世界を広げることができます。それによって得るものは意外と大きいもの。生意気なだけだと思っていた後輩が、気配りのできる人間であることに気づいたり、存在感のない人間だと思っていた同僚が、趣味に関わることでは非常に饒舌《じょうぜつ》で、博識であったりと、普段のつき合いでは見えなかった意外な一面に驚かされるかもしれません。

自分が周りからあまり誘いを受けない原因は、口ベタなことでも、宴会で盛り上がれないことでもなく、知らず知らずのうちに仲間との間に壁を作っていたせいだったのかと気づかせられるでしょう。

誘われたからといって、いつもつき合う必要はありませんが、たまには、

「じゃあ、今日はご一緒しようかな」

と受け入れてみることです。

あなたがいつもと違う仲間の姿に驚いたり感心したりするのと同じように、いつもと違うあなたを見て、彼らは驚いたり、喜んだりするのです。

自分の世界だけでなく、仲間と何かをする楽しみを覚えると、コミュニケーションの場も、あなたの世界も、大きく広がるのです。

「いいですね」「気持ちがいいですね」など、ポジティブ言葉をどんどん使って共感を勝ち取る

▼ほめられた気になる「暗示効果」を利用する

女性社員のランチタイムなどでは、会話はよく弾んでいるようです。でも、その内容が男性社員のうわさ話や、同僚をけなして笑い合うような話ばかりだと、そのときはどんなに盛り上がったとしても、決してその女性社員同士が本当に仲よくなったり、信頼しあえる関係になることはありません。

居酒屋でサラリーマンが仲間と飲んでいるときでも同じことです。上司の悪口でうさを晴らしているときは、大いに共感しあっていても、それで互いに絆を結びあったということにはなりません。あくまでも酒の席という無礼講意識が働くから、話が盛り上っただけなのです。

いい人間関係を結ぶための会話のコツは、ポジティブな単語、表現を使うことです。そのほうが聞いている側も、気持ちよく話が聞けるし、自分からも話したくなる。そうして、あなたと話すことが楽しくなる。

「この前見た映画は、本当に素晴らしかったですね。ラストシーンでは感動のあまり、しばらく立ち上がれなかったほどですよ」とか、

「先週末に、うちの妻が趣味でやっている陶芸サークルの作品展に行ってみたんですが、これがまぁ、どれも玄人《くろうと》はだしの作品ばかりで驚きました。女房を見直しましたね」

「最近オープンしたあのレストランに行ってみました？　リーズナブルでおいしかったですよ。スタッフも感じがよく、気が利いているんです」

などと、**「いい」「好き」「気持ちがいい」「感動した」など、ポジティブな**

言葉をたくさん使えば、必ず相手も気持ちよくなってきます。そして、そういう会話をするあなたに対しても、好感情を抱くようになるものです。酔いがさめると寒々しくなるような、酒場のうさ晴らしとは、根本的に違うのです。

また、**ポジティブな言葉を多用して会話を続けていると、聞いているほうも自分がほめられたような気がしてきます。一種の「催眠暗示」のような効果があるのです。**

「昨日の○○選手のプレー、見ましたか。すごいファインプレーでしたね」

「あのバンドはとうとうブレイクしましたね。実はデビューしたてのころから、注目してたんですよ」

など、こんな会話を振れば、その世界が好きな人なら必ず、

「いやぁ、実は私も……」

といったように、身を乗り出してきてくれます。

それはあなたの話題に、相手の感性が共振（シンクロ）したことを意味します。あなたは、相手と新たな深い人間関係を築くことに成功したのです。

人をその気にさせるには、**やる気を起こさせる動機づけ**が必要

▼「内発的動機づけ」を利用する

仕事や勉強に身が入らないとき、「これは、どうしてもやらねばならないことなんだ」と自分で自分を縛りつけがちですよね。「ねばならない」という心の縛りは、一定の効果を与えることは確かです。

たとえばその仕事に締め切りがあるときは、それまでに完成させなければと仕事モードに切り替えてやり遂げることがあります。手の空いたときにやろうと思っている仕事は、いつまでたっても終わらないものです。

でも、「ねばならない」という言葉には、強制の響きがあり、行動や思考の範囲を狭くして、「それだけやればいい」というすり替えさえ行いがち。これでは、自由な発想は生まれません。

人を動かして、きちんと結果を出させたいときは、「○○しなければならない」という命令を下すのではなく、相手にやる気を起こさせるような動機づけが必要

です。これを「内発的動機づけ」と言います。

たとえば、相撲《すもう》界には、「土俵の下には宝が埋まっている。それを掘り出すのは自分だ」と、新人力士たちを激励する伝統があります。プロ野球界にも同じように「マウンドの下には宝が埋まっている」という言い方があります。これらは、「努力次第でいくらでも稼げるんだ」という強烈な動機づけになるのです。

これは、いろいろな場面に応用が利きます。仕事の最前線で働く部下には、「この入札に通ることは、相撲取りの土俵の下の宝と同じだぞ」と励ませばいいのです。

ただ、人によって動機づけの対象はもちろん異なります。特に現在は、役職や学歴にこだわらない、カネにもこだわらずに、自分のライフスタイルを通したいという人も増えています。

どこを刺激すればやる気を起こしてくれるのか、それには、常に相手をよく観察し、理解しようとすることが必要です。

最初はけなし、次第にほめていき、**「同意します」**のひと言で好意を抱かせる

▼「ゲイン効果」を活用する

人をほめることとけなすことに関する、ちょっと面白い実験結果をご紹介します。アロンソンとリンダーというアメリカの学者による研究です。

実験台（とはもちろん本人は知りません）として女子学生が集められます。彼女たちは、サクラ（おとり）の女性とペアになってある調査をします。調査は7回、違うサクラと組んで行います。調査のあとサクラの女性がペアを組んだ女子学生の魅力度を評価します。それは女子学生本人の前で行います。

この調査とサクラの評価を聞く一連の行為を、一人の女子学生は7回繰り返すわけです。そしてその後、今度は当の女子学生に対して、自分を評価したサクラに対して、どういう感情を持ったかを聞きました。

サクラがする女子学生の評価は、実はあらかじめA～Dの4つのパターンに決められています。

・Aパターンは、最初は女子学生をほめるが、次第にけなしていく。
・Bパターンは、最初から終わりまでけなしっぱなし。
・Cパターンは、最初から終わりまでほめる。
・Dパターンは、最初けなして、次第にほめていく。

女子学生は、A～Dのどのパターンで評価したサクラに対して、いい感情を持ったでしょうか？

〝それはCでしょ、だって、一貫してほめてくれたんでしょ〟と思うかもしれませんが、違います。実験を繰り返した結果、一番好感を持たれたのはDパターンの場合でした。

Dパターン、すなわち**「最初はけなされていたが、最後はほめてくれた」というパターンが一番好かれた**のです。自己評価がいったん下がったあとにほめられたのだから、ある種の「自尊の理論」が働いたと見ることができます。

ちなみに好感度の順位は、D→C→B→Aの順でした。けなす場合でも、終始けなしていたBより、最初はほめていたのに、次第にけなす側に回ったAのほうが、嫌われ具合が激しかったのです。

つまり、好き嫌いの態度を決めたのは、最終的な相手の評価ではなく、**最初と最後でどれくらい相手の評価が変化し、そこにゲイン（Ｇａｉｎ＝利得）が生じたかという点だった**のです。

心理学ではこのように、一貫してほめてくれた相手よりも、最初はけなし、次第にほめてくれるようになった相手に好意を抱くことを**「ゲイン効果」**と言います。逆に最初はほめてくれたのに、あとから反対に回ったというように、マイナスに変化して得点を失うのは**「ロス（ＬＯＳＳ）効果」**です。

この効果は、うまく利用すると相手の気持ちを得るのに絶大な力を発揮します。たとえば相手の提案や主張に対し、それが賛成できる内容だとしても、「ちょっと疑問も残るな。もう少し説明してくれないか」といったん留保する。そして相手の説明を聞いた上で、「そういうことなら、よくわかるので同意します」と、賛成に転ずるのです。

相手は、あなたを説得できたと思って自信と満足感を覚えるし、説明を聞いた上で意見を変えたあなたには、理性的な人だな、と評価を上げるのです。

ひと言で

第3章 相手から「イエス」を引き出す心理術

「○○さんもお持ちですよ」のひと言で、取り残されたくない意識を刺激する

▼他の人と同じでいたい「同調性」を利用する

子どものころ、オモチャほしさに、

「みんな持ってるから買って！」

とせがんだ覚えは、誰もがあるでしょう。

こう言われると親としては弱い。つい、「それなら買ってやろうか」という気になってしまいます。この殺し文句はセールスの世界でも応用されていて、しかもきわめて有効です。

「この○○は、すでに皆さんお使いになっていますよ」

と勧められると、人の心はグラリと揺れる。

「みんなが使っているなら、いいものに違いない」などと理屈をつけながら、それじゃあ買ってみようか、と気持ちが動きます。

さらに、「皆さん」という不特定多数ではなく「お隣の○○さんも」「あちら

の△△さんも」と具体的に挙げられると、もっと気持ちが動揺します。「私だけ取り残されている」といった、焦りの気持ちや、買った人へのライバル心がむくむくと頭をもたげるからです。

この**「他の人と同じでありたい」**とか**「みんなに遅れたくない」**という心理を**「同調性」と言います。**

ものを買うときは、コマーシャルなどでその商品に対するいいイメージがあらかじめ作られているので、同調性は特に強く働きます。ベストセラーや最先端のファッション、電化製品など、〝自分がそれを持っていないことが気になって仕方がない〟〝それを手に入れることによって、みんなと同じレベルに到達したい〟という心理が強く作用するのです。

この**同調性が高い人ほど「みんな持ってる!」のひと言に弱い**と言えます。さらに、「あなたのような方にこそ、この商品はふさわしい」といった「自尊心」をくすぐる話法を用いれば、初めは「ノー」と渋っていた相手から、ついには「イエス」のひと言を引き出せるでしょう。ビジネスシーンでも応用できることのテクニック、ぜひ覚えておいてください。

「3分間だけ、話を聞いてください」と頼んで、まず小さなイエスを獲得する

▼「フット・イン・ザ・ドア・テクニック」を使う

相手に「イエス」と言ってもらうためには、とりあえず話を聞いてもらわないことには始まりません。こんなとき有効なのは**「フット・イン・ザ・ドア・テクニック」**と呼ばれている説得法です。

セールスマンが「お断り！」とドアを閉められる寸前に、ドアの隙間に片足を挟んで閉められないようにし、それから少しずつドアを開けてもらうようにもっていく、ということからついた名前です。日本語でも「段階的説得法」などと呼ばれ、説得のテクニックとして立派に認知されています。

このテクニック、いったいどういうものなのでしょうか？　実際に行われた実験をもとに説明します。アメリカの心理学者フリードマンとフレイザーは、次のような実験を行いました。

アルバイトを雇い、ある地区の家々を回らせ、家の窓に小さな標識をつけた

り、交通安全や美化運動の署名をしてもらえないかという「小さな依頼」をさせました。快く引き受けてくれる家もあったし、門前払いの家もありました。

そして2週間後、同じ家々に、今度は交通安全のための大看板を立てさせてもらえないかという「大きな依頼」をして回らせます。前回の依頼を承諾した家はもちろん、断られた家に対しても同様の依頼をしました。

すると、2週間前に小さな標識をつけるのに協力や署名をしてくれたりした家、つまり「小さな依頼」を承諾してくれた家は、大看板を立てること（大きな依頼）も承諾してくれることが多く、小さな依頼を拒否した家からは、大看板を立てるのも拒否されることが多かったのです。小さな依頼を一度受け入れると、大きな依頼も受け入れやすいということが、このことからわかります。

これを応用すれば、たとえば、なかなか時間が取れない相手とのアポイントメントを取るには、初めから正攻法でないほうがいいと類推できます。

「3分間でいいから、話を聞いてください」

という頼み方をすれば、「30分」や「1時間」話を聞いてくれと頼むより、はるかに聞き入れてもらえる可能性は高くなります。

会えば長くなるだろうとはわかっていても、3分と言っているんだからと、自分に対する口実ができるのです。こうなればしめたもの。一度会って話し始めれば、3分があっという間に30分や1時間になってしまうものですし、また、そうなってもあまり気にされないことが多いのです。

ただし、この「フット・イン・ザ・ドア・テクニック」で成功を収めるには、ふたつのポイントを守らなければなりません。

まず、**最初の小さな依頼は、相手に受け入れてもらえる範囲内で可能な限り大きな依頼でなければなりません。**あまり小さすぎる依頼では、その後の大きな依頼に対する態度決定に、影響を及ぼさないのです。

ふたつ目は、依頼するときには、金銭的あるいは物質的な報酬を与えたり、取り引きをしてはならないということです。そういうことがあると、相手はやむなくそれを受け入れたという心理状態になり、次の大きな依頼に対して「ノー」と言う確率が高まってしまいます。**あくまでも、最初の小さな依頼も、自分の自由意志で受け入れたと感じさせるものでなければならないのです。**

最初にわざと「ノー」を言わせて、本命の**「小さな要求」**を実現する

▼「ドア・イン・ザ・フェイス・テクニック」を活用

もしあなたが、あまり親しくない友人や知人に、いきなり「独立資金として1000万円貸してほしい」と持ちかけられたらどうでしょうか？　よほどのお金持ちか、宝くじに当たった後でもない限り、即座に断るでしょう。

では、その同じ相手に続けて、「じゃあ、週末のデート資金が不足してるから、5万円貸しほしい」と頼まれたらどうでしょう？　つい〝それくらいだったら〟と、財布のヒモをゆるめてしまうのではないでしょうか。

このとき、その友人、ないしは知人は、**「ドア・イン・ザ・フェイス・テクニック」**という高度な心理テクニックを駆使しているのです。これは、本命の要求を通すために、まず過大な要求を出して相手にそれを断らせ、次に小さな（本

命の）要求を頼む方法。最初から、本命は小さな要求を通すことなのです。

人は借りができると、このままでは相手に悪いので、お返しをしなくてはならないという心理が働きます。この心理は、53ページでお話しした「好位の返報性」のひとつの例です。

もし最初から、「デート費用として5万円貸してくれ」と頼まれたとしたら、はたしてOKしていたでしょうか？

これは、前項で述べた「フット・イン・ザ・ドア・テクニック」とは反対のパターンで、まず**最初に無理と思われる大きな要求をしておいて、相手にわざと断らせます。そしてその後ですぐに、レベルを下げた要求を持ち出して、相手に受け入れてもらう**という方法なのです。

この心理テクニックを、ジャルディーニという学者が実験で確かめました。

彼はまず、実験対象の学生たちを2グループに分け、最初のグループには、「少年院で2年間、ボランティアのカウンセラーをやらないか？」と持ちかけます。もちろん、とても重要な仕事になり、学生の身分ではとて

も応じられるものではありません。学生が断ると、次に、

「では、少年たちの動物園旅行の付き添いに参加しないか？」

と要請します。

一方、2番目のグループには、後者の動物園旅行の付き添いの要請だけをします。さて、応募率はどうだったでしょうか？

最初のグループで動物園旅行の付き添いに応募したのは56パーセントでした。それに対し、2番目のグループでは、応募率は32パーセントに減りました。

つまり、一度「少年院で2年間のボランティア」という大きな要請を受け、それを断ったグループは、次の「動物園旅行の付き添い」という要請を断り切れなかったのです。実際は、初めから学生たちの「少年院で2年間のボランティア」への参加は、予定されていませんでした。

最初のグループの学生が「動物園旅行の付き添い」に56パーセントも応募したのは、「動物園旅行の付き添い」は、相手が譲歩して提案してきたのだと思い込んだから。つまり、「向こうも譲歩したのだから、こちらも多少の無理なら聞いてあげなくちゃ悪いかな……」という心理状態に陥ったのです。

この心理テクニックをうまく使いこなしているのが、実はおねだり上手な女性たちや、甘え上手な男性たちです。デートのときなどに、

「このバッグ、素敵……」

と、到底買えないような超高級ブランドを指さした直後に、

「でも、こっちのほうがカワイイ！」

などと、リーズナブルな値段のバッグを示されると、

「これくらいだったら買ってあげてもいいかな」

などと思わずプレゼントしてしまう……。

こんなとき、相手はあなたのお財布の中身にあわせ、うまくかけひきをして「イエス」を引き出そうとしているのかもしれません。

「こんなメリットがあります」と、先にプラス面を強調するほうが意思が通りやすい

▼「初頭効果」の応用

「メリット」「デメリット」は、それぞれ、利点、欠点という意味ですが、どんな物事にもプラスとマイナスの両面があるということは誰もが知っています。商品を購入するときも、「一見するとよさそうだが、デメリットは何だろう」と考えたりするものです。

顧客に商品を勧める場合や会議でプレゼンテーションする場合でも、メリット・デメリットの両方を伝えたほうがいい。そのほうが信憑性《しんぴょうせい》が増すのです。

その際に注意すべきなのは、**プラス面とマイナス面のどちらを先に伝えるかで印象は180度変わってくる**ということです。

たとえば、人間の長所や欠点というものは、同じ性格が、時と場合によって、いいほうに現れるか悪いほうに現れるかの違いだ、とよく言われます。

心理学者のアッシュは、興味深い実験を行っています。

ある人物についての評価を記したふたつの文書を用意しました。

・Aの文書には「陽気でよくしゃべり個性的、決断できる強さがある」などと、その人物の性格のポジティブな面が書かれています。

・Bの文書には「騒がしくて個人主義、集団行動が苦手で自分勝手に行動することが多い」など、ネガティブな面が書かれています。

このAとBの文書を、あるグループにはA↓Bという順序で読ませ、もう片方のグループにはB↓Aという順序で読ませました。

A↓B、つまりポジティブな面を先に読んだグループの回答を集約すると、この人物に興味や好感を持ち、できるなら交際してみたい、とプラスに評価しました。

一方で、B↓A、つまりネガティブな面を先に読んだグループは、この人物に嫌悪感を持ち、決して関わりたくない、とマイナスの評価を下したのです。

また別の実験では、2人の人物についての性格を書いた文章を見せました。

・レスリー……活発、好奇心旺盛、コミュニケーション能力が高い、利己的、執念深い

・ケビン　……執念深い、利己的、コミュニケーション能力が高い、好奇心旺盛、活発

よく見れば、まったく同じことが、順番を逆に書いてあるだけです。これは実際は1人の人物の性格についての記述なのですが、実験のために2人の人物だとして、その上で記述を逆にしました。でも順番が変わっているだけで、人々は「レスリー」に好感を持ち、「ケビン」に悪印象を持ったのです。

これは**「初頭効果」**と呼ばれる心理的効果によるものです。最初に悪い印象を抱くと、その後いい印象のデータが出現しても、引き続き悪い印象を抱き続ける。最初にいい印象を得ると、あとから悪いデータが提示されても、それらを好意的に解釈しようとする心理が働く。

このことから、何かについて提案をする場合は、

「こんなメリットがあります」

と先にプラス面を提示すると、意見は通りやすくなるということです。ただし、デメリットについてもそのあときちんと言及すべきなのは言うまでもありません。

「欠点もありますよ」と、デメリットを隠し味程度に入れて説得力を増す

▼「接種理論」の利用

物事には必ず裏と表があるものです。商品やアイデアを売り込みたいとき、私たちはついつい、その長所やメリットばかり並べ立てて、相手の気を引こうとしてしまいがちです。

このご時世、これでは通用しません。これにはこんなマイナス面や短所もありますよという負の情報を伝えることで、その商品やセールスマンに対して信頼感が増し、購入に結びつくことが往々にしてあるのです。

メリット・デメリットの両方を提示することを**「両面（二面）提示」**と言い、長所ばかりを訴えることを**「片面（一面）提示」**と言います。

以下はある大学で行われた心理実験です。

まず前もって、一般教養課程に対してどのくらいの学生が賛成しているかデータをとってから、学生をふたつのグループに分けます。そして一方には、

「一般教養課程は幅広い人間形成をし、円滑な人格を身につけるために大切だ」

という肯定的な主張ばかりを示した文書を読ませます。

もう一方のグループには、同じ内容ですが、1カ所だけ、

「一般教養課程は必ずしも専門教育に役立つとは限らないが……」

という否定的な一文の入った文書を読ませます。

そのあとで、再びアンケートをとったところ、否定的な一文の入った文書を読んだグループのほうが、最初の調査のときよりも、一般教養課程への賛成度がアップしたという結果が出たのです。

人は多くの場合、全面的に一方の立場に立っているということは少なく、賛成意見と反対意見の両方を併せ持ち、その人なりのバランス感覚で、善し悪しの判断をしています。

だから、そこへ、あまりにも一方的な意見ばかり述べられると、懐疑や反発を感じてしまうのです。そして、本来は賛成であったのに反対意見のほうに回ってしまうなど、態度を硬化させてしまうことだってあるのです。

ところが、**賛成意見を主張しながら、その中に反対意見への理解も少し混ざっ**

ているると、説得力が格段にアップするのです。

ＣＭでも、自社の製品を自らけなしたり、イメージを傷つけるようなことをあえて言うものが時々あります。これを広告業界では「デメリット表示」と呼んでいます。そうしたマイナスイメージを〝隠し味〟として付け加えることによって、逆にその商品や企業のイメージが高まることがあるのです。

また、あらかじめデメリットを表示しておくと、顧客がのちにそのデメリットについて聞くときの驚きを、最小限におさえられるという効果もあります。すでにそのデメリットに免疫ができているからです。これを病気に対する予防接種のようだということで、**「接種理論」**と呼んでいます。

ただしデメリットの表示はくれぐれも隠し味程度におさえておくことを忘れないようにしてください。最初にデメリットを強調して、ネガティブな「初頭効果」を引き起こすようなことは避けるべきです。

このテクニックは、ものを売り込む場合だけでなく、自分の意見やアイデアを売り込むときにも応用できるので、大いに身につけていただきたいものです。

「不十分なところもありますが」と付け加えれば、反発心が和らぎ協力を得やすくなる

▼「一歩引いた態度」を見せる効用

会議や議論のとき、正論を振りかざす相手ほどうんざりする存在はないでしょう。

聞かされているほうは、「仰《おお》せごもっとも」と言うしかなく、反対意見など表明しようものなら、こちらが「イエス」と言うまで説得をやめません。

しかし、正論はあくまでも正論。言ってみれば建前に過ぎないので、そういう会議の結論は、いっこうに現実的解決にたどりつきません。つまり本音には迫らないのです。

すると、会議が終わって、いざ議決や話し合いの内容を実行しようという段階になっても、建前で押されたほうの側は、積極的に協力しようという気持ちにはなりません。これでは、何時間かけて議論しようとも、何にもなりません。

なので、もし自分が説得したいと思う相手に「イエス」を言ってもらいたいか

ったら、自分の意見のゴリ押しをするだけではなく、一歩引いてみるのが有効です。自分にも非や間違い、不完全な部分があるかもしれないということをチラッと見せるのです。

つまり自分の主張を述べたあとで、

「以上のように私は考えますが、もしかしたら私の主張には、まだ不十分なところがあるかもしれません」

と付け加えることで、**聞き手の反発心が和らぎ、正論を押しつけられたと反発することなく、賛同と協力が得られやすくなる**のです。

賛成意見を通したいときは、反対派の人に賛成意見のとりまとめを頼む

▼「自己の発言」に影響される心理

自分の発言したことは、たとえそれが本心から出た言葉ではないときでも、自分からは否定しにくいもの。一度、口に出したことについては、一貫性を持たせようという心理が働くからです。

この心理の応用とも言える洗脳教育の実話があります。

捕虜《ほりょ》に、

「君にはスパイを仕立てあげる任務についていたという疑いがかかっている。そうなら死刑だ。疑いを晴らすために、みんなの前でこれを読め」

と言って、捕虜仲間の前で、敵国の思想に賛成するという内容の書面を読み上げさせました。その後、「君への疑いは間違いだとわかった」と、その捕虜に告げたのです。

すると、書面を読み上げさせられた捕虜の多くが、その後、無理に読まされ

たにもかかわらず、その思想の熱心な信奉者となったというのです。

言わなくてもよかったことを言わされた捕虜は、心ならずも敵国の思想を称賛した自分を認めることができず、その思想を心から正しいと思っているからこそ仲間の前でそれを読み上げたのだと、自分の行為を正当化するようになったのです。

この例は、日常生活にも応用ができます。

会議などで、反対派ないしは賛成・反対の態度を決めかねている人に、賛成派になってもらいたいときは、会議の最中にその人を指名して、

「ではここで賛否の論点を整理しましょう。Aさん、まず賛成意見をまとめてもらえますか」

と依頼してみます。

そうすると、賛成意見を集約してくれたAさんが、このあと、賛成に回ってくれる可能性が高まるのです。

いったん口に出した自分の発言に影響されてしまうという人間の心理、良い活用法と悪い活用法があることを知っておきましょう。

「あなたのためでなく、みんなのためになるのです」と口実を与え、相手の後ろめたさを取り除く

▼罪悪感を払拭する「免罪符」を与える

第2次大戦前のアメリカで、実際にあった話です。

洗濯機が初めて売り出され、その便利さのために大評判になりました。しかし、なぜか売上のほうはさっぱりだったのです。

洗濯機メーカーが調査してみると、当時アメリカでは既婚女性の大半が専業主婦で、彼女たちは洗濯物を手で洗っていました。だから、洗濯機を使うことで、〝家事を手抜きしていると思われるのではないか〟と心配していたことがわかりました。洗濯機は、罪の意識に結びつくものだったのです。

そこで、メーカーは、どうすれば主婦に買ってもらえるかを考えた結果、こう訴えかけてみることにしました。

「洗濯機を使うと手で洗うよりも清潔に洗えます」

「空いた時間で、今よりももっと家族に尽くすことができますよ」

このメッセージは絶大な効果を発揮しました。これによりアメリカの主婦たちは、洗濯機を購入することの大義名分を手に入れ、それ以後、洗濯機は急速にアメリカ社会に普及したのです。

このように、何か新しいものやシステムを利用することが、合理的で便利だと頭ではわかっていても、それまでの価値観に縛られている道徳心（これを**「超自我」**と言います）が「ノー」と言わせてしまう場合があります。

そんな場合には、**自我が規制する罪悪感を払拭するための「免罪符」が与えられなければなりません。相手が拠《よ》って立つ価値観に立ち返り、その延長線上にメリットを提示するわけです。**

「これ（システム）を利用することが、あなたの利己的なメリットだけでなく、みんなの幸せにつながるのです」

こういう**大きな命題の前では、個人の小さな罪の意識は取り払われ、人は我先《われさき》に「イエス」と言うようになる**のです。言い方は悪いかもしれませんが、行動するための、より大きな口実を与えてあげれば、人々は動くということなのです。

「どうか私の身になっていただけませんか」と、同情を買ってイエスを獲得する

▼「泣き落とし」という最終手段

選挙戦も終盤になると、各立候補者はたいてい、「苦戦しています。あと一歩です」と連呼して回ります。

選挙も心理学的に見ると、立候補者が有権者をいかに説得するかという戦いと言えます。終盤戦に見られるこの泣き落とし作戦は、実は立派な戦略なのです。

選挙戦では、時には立候補者の奥さんが本当に泣いてみせたり、本人が土下座したりして自分への投票を訴えます。このあまりにも泥臭いやり方は、一見、滑稽《こっけい》なだけのように見えますが、心理学的に見ると実に効果的なやり方です。

泣き落としは、相手の同情＝共感に訴える作戦です。人間の心理の中でも、感情というのは刺激を受けると動かされやすい。**感情を刺激されると、話を聞く側は理不尽と感じつつも、思わず行動してしまうことが多い**のです。

ビジネスシーンでも、この**同情を買う説得術は最終手段としてきわめて有効**です。たとえば、

「確かにあなたの言われる通りですが、どうか私の身になっていただけませんでしょうか」

「私も好きでこんなことを言っているのではないのです、申し訳ありません」

など、相手の共感に訴える言葉を使ってみると、難攻不落《なんこうふらく》に思えた相手が、案外簡単に落ちたりすることがあるのです。

この「共感に訴える方法」については、アメリカの心理学者ラタネとダーリーの興味深い心理実験があります。

彼らは大学生を使い、人々が忙しく行き交うニューヨークのマンハッタンで、通行人にお金の無心をする実験を行いました。その際、

①「10セントください」

②「お金をなくしたので、10セントください」

③「電話をかけたいので、10セントください」

④「財布を盗まれたので、10セントください」

の4つの言い方で、道行く人々に声をかけました。

その結果、10セントをくれた割合は、①が34パーセント、②が38パーセント、③が64パーセント、④が72パーセント。つまり「財布を盗まれた」と同情心に訴えたときが一番成功率が高かったのです。

この実験からも、**人は共感に訴えられると、普段はまずイエスと言わないことにもイエスと言ってしまう**ことがわかります。なかなか承諾してくれない相手には、奥の手として、共感に訴える言葉で迫ってみてください。

「私も賛成！」と続けて言ってもらえば、反対意見は封じられる

▼「スティンザー効果」を利用して議論を導く

自分では〝これは採用される〟と思っていた企画プランなどが、いざ会議での検討となったら、あっさり否決されてしまったという経験は、多くの人が持っていることと思います。

会議の場では、独特の心理が働くものです。なので、うまく出席者の心理を誘導することに成功すれば、自分の企画やアイデアが通りやすくなります。

この会議でのテクニックを研究したのが、アメリカのスティンザーという心理学者です。スティンザーは小集団の生態を研究した結果、**「スティンザー効果」**という、議論に勝つためのテクニックをまとめました。

観察された小集団の特徴は、次のようなものです。

特徴① 会議で、以前に議論をたたかわせた相手が参加している場合は、その人たちは、お互いの正面に座る傾向がある。

特徴② ある発言が終わったとき、次の発言者は、前の人の意見に対して反対意見を述べることが多い。

特徴③ 会議で、議長のリーダーシップが弱い場合には、参加者は正面の人と話したがり、議長のリーダーシップが強い場合には、隣の人と話したがる。

このうち、注目したいのは特徴②です。つまり、会議などの場では、集団が全体意思として常にバランスをとろうとするため、**前の発言者と反対の意見が述べられることが多い**のです。

そこで、もし自分の提案について、会議でイエスを引き出したいなら、賛同してもらえる人、つまり「サクラ」を作っておくことが有効です。

親しい上司や同僚に、あらかじめ根回しをしておいて、**自分が発言したあとにすかさず「賛成！」と言ってもらう。**そうすることで、次の発言者から反対意見が出るのを封じてしまうのです。

これで、あなたの意見に「追い風」が吹き、大勢《たいせい》が賛成意見に向かい始めるはずです。

「～ので」「～から」と理由を示す言葉をつければ、イエスを引き出しやすい

▼「因果関係の錯覚」を利用する

内容にかかわらず、人は相手から理由らしきものを言われると、つい、その頼みを聞き入れてしまうという傾向があります。

特に「**～ので」「～から」という言葉をつけ加えた要求には、内容をよく検討しないでつい応じてしまいがち**です。

アメリカでこんな心理実験が行われました。

順番待ちの行列に「～ので」という言葉をつけて割り込ませてくれと頼んだときと、「～ので」と理由をつけないで頼んだときとでは、その結果に約30パーセントもの開きがあったのです。しかも「～ので」がついているときには、確かな理由がなくても、90パーセントもの人が順番を譲ったというのです。

「～ので」も「～から」も、理由や根拠を説明したり示したりするときに使われる表現です。そのことが無意識のうちに頭の中にインプットされているため、

これらの言葉を耳にしたとたん、この人は理由を説明しているのだと思い込んでしまい、その内容についてはあまり深く詮索しないことになりがちです。

それが信用性に乏しい理由であっても「わかりました」ということになる場合が多いのです。先の実験では、「～ので」と言われたために、順番を譲るに値するような事情があると錯覚したものと考えられます。

これを逆手にとって、根拠が弱いと思っても「～ので」「～から」の言葉を効果的に挿入すれば、意外とすんなり、イエスが得られるのです。

反対する人に「理由を教えてください」と聞くと、客観的になって相手への配慮が生まれる

▼「反対の理由」を再考する効用

真正面から理路整然と相手を説得するのが難しいときは、「それについて教えてください」と言ってみましょう。特にその人が興味を持っている事柄や、その人の得意なジャンルなら、相手は話に乗ってくる可能性が大です。

こんな実話があります。「リグレー・チューインガム」で有名なアメリカの実業家ウィリアム・リグレーが、石鹸《せっけん》のセールスマンをしていたころの話です。

ある日、リグレーはいつものように店に飛び込み、セールスを始めました。しかし、その店の店主はリグレーの勧めていた会社をとても嫌っていて、

「お前も、お前の会社もくたばってしまえ！」と怒鳴ります。

リグレーはすごすごと帰り仕度をしながら、こう言いました。

「お宅様に石鹸を売ろうなんて、私のとんだ間違いでした。でも私は新米なので、お宅様が私の会社をお嫌いになる理由も、石鹸の売り方も何もわかりませ

ん。できましたら、それらを教えていただきたいのですが……」

するとその店主は、嫌う理由を説明したあとに、なんとリグレーに石鹸の売り込み方法を教え始め、そして最後には、リグレーの石鹸を買ってくれたというのです。このことから、リグレーは「人には恐れずに助言を求める」という教訓を得たのでした。

「なぜ?」と問われ、反対理由をきちんと説明しようとすればするほど、**人はその「反対の理由」について、もう一度じっくり考えることになります。じっくり考えることで「反対の理由」を客観的にとらえることになり、単なる思い込みやイメージから来る拒否反応に、自ら終止符を打つ結果になる**のです。

また、理由を考えているうちに、「相手の意見も少しは考慮に入れたほうがいいいな」などと思うようになり、相手への配慮や好意も自然と生まれてきます。こうなると相手の要請に「応じてもいいかな」という心理状態になるものです。

しかも、リグレーのケースのように、相手に売り込み方法を教えるうちに、自分の言ったことが嘘でない証拠にと、売り込み商品を買うことさえあるのです。このテクニックはさまざまな場面で使えるので、覚えておいてください。

「Aがいいですか、Bがいいですか?」と聞けば、人はどちらかを選んでしまう

▼「二者択一の錯覚」を利用する

人間心理には、AかBかと二者択一で聞かれると、ついその範囲で考えてしまうところがあります。

「デザートはメロンにしますか、イチゴにしますか?」

こう聞かれると、デザートを食べるつもりがなかったときでも、

「ではメロンを」

と答えてしまったり、本当はアイスクリームが食べたいと思っていたとしても、このどちらかを選んでしまいがちです。

サラリーマン社会では、部下に転勤を命じなければならないケースが往々にして生じます。部下にごねられたりしたらあとが面倒。中間管理職としての管理能力も問われかねない場面です。

そんなときにこそ、このテクニックを応用してください。

たとえばある部下を、本店勤務から転出させなければならないとき、「君には地方へ行ってもらおうと思ったんだが」と、まず切り出す。部下が表情を固くしたら、次の瞬間、「結局、都内のA支店かB支店のどちらかに行ってもらうことにした。どっちにするかね？」

こう言われると、本店を離れるのが嫌だった部下も地方よりはマシだと考え、「ではA支店に行きたいですね」などと答える可能性が高いのです。

しかもこの場合、非常にいいことは、部下は、実際には異動を命じられたのに、それが**意に反して強制されたのではなく、自分で道を選んだと錯覚する**のです。これによって、「自分は不承不承、命令に従ったのではない。主体的に選んだのだ」と自己合理化もできるわけです。

上司のあなたは、しこりを残すことなく、難しい人事異動をまとめることができたというわけです。

「この点では意見が同じですね」のひと言で、次の段階のイエスを獲得できる

▼「フット・イン・ザ・ドア・テクニック」上級編

ある意見に反対している人がいたとします。こういう人に「イエス」と言わせる説得術のひとつが、86ページで紹介した**フット・イン・ザ・ドア・テクニック**の応用編です。

こういうときには、その人の意見と共鳴できる部分を見つけ出し、

「この点では意見が一致してますね」

とアプローチするのが上策。**部分的にでも賛成が得られれば、次の段階の「イエス」を引き出すことが容易になります。**

たとえばこんなケースです。あるプロジェクトに反対している人がいたとします。でもよく聞いてみると、彼はプロジェクト自体には反対なのですが、その中の予算案にだけは賛成らしいということが読み取れます。こんな場合、

「予算案に関しては、お互いの意見が一致していますね」

と、たとえ小さな点でも一致していることを相手に気づかせることができれば、第一段階は成功です。

いったん小さな「イエス」を引き出せれば、心理的な抵抗感が少なくなり、次の「イエス」も得やすくなる。つまり、些細なことでもいいので一致する部分を見つけ出し、その都度それを提案することで、**小さな賛成を積み重ねていく。**そうすれば、最後に大きなイエスを獲得することができるのです。

だから会議などで、反対されそうな案件を出すときは、相手の賛成を得やすい部分から意見を求めるとよいでしょう。

「この場で、すべてきっちり決めてしまいましょう」と言うと、相手もなかなか賛成しづらくなる。そこで

「まず○○についてですが、これは問題ないと思いますが……」

というような言い方をすれば、それならいったん譲っておいてもいいかと、相手を楽な気分にさせることができます。そうなれば、最終的に賛成意見を得られやすい状況ができるのです。これも応用範囲が広い説得術なので、ぜひ身につけてください。

気になる異性をデートに誘いたければ、**「少し歩きませんか？」**から始めてみる

▼「スモール・ステップス」の応用

つき合いたいと思っている異性をデートに誘いたいときには、「少し歩きませんか」「お茶を飲みませんか」「もう少しおしゃべりしませんか」など、相手が承諾しやすい簡単な誘いから入るといいでしょう。

前項でも言いましたが、このように「イエス」という返事が返ってくる可能性の高い提案をしながら、小さな「イエス」を何度も積み重ねていくと、だんだん「イエス」の範囲が広がって、大きな誘いにも、「ノー」とは言いにくくなるからです。

小さな「イエス」を連発させられていると、相手に肯定的な心理状態が作られ、これができてしまうと、「ノー」と言うことが困難になってしまうのです。

これについては、社会学者であるスナイダーとカニンガムが、次のような実験を行っています。

まず無作為に選び出した人たちに、電話でアンケートを依頼します。このとき、ひとつのグループには、「8項目のアンケートに答えてほしい」というお願いをし、もうひとつのグループには「50項目のアンケートに答えてほしい」というお願いをします。

その結果、手軽にできる8項目のアンケートにOKしたのは83パーセントで、一方の面倒くささそうな50項目のアンケートを受け入れたのはわずか20パーセントでした。

次に、新たに「30項目のアンケート」の依頼を、

①「8項目」でOKしたグループ

②「50項目」でノーと言ったグループ
③ 新しく選んだグループ
の三者に行いました。

その結果は、③の新しく選んだグループでは33パーセントの人がOKしたのですが、50項目のアンケートに「ノー」と答えた②のグループでは、わずか12パーセントの人しか「イエス」と言わなかったのです。

そして、8項目のアンケートに「イエス」と答えていた①のグループでは、77パーセントもの人が、今度の依頼に対しても「イエス」と答えました。

つまり、**依頼の内容が同じようなものなら、最初に「ノー」と言った人は、次に何かを頼まれても「ノー」と言う可能性が高くなり、最初に「イエス」と言った人は、次に依頼を受けたら、「イエス」と言う可能性が高くなる**というわけです。

このように、簡単な依頼から「イエス」を引き出し、のちに大きな依頼につなげる「スモール・ステップス」を応用したテクニックは、もちろんビジネスにも使える便利な方法です。

第4章 ひと言で その気にさせて、相手を動かす心理術

「3つの問題点があります」のひと言で関心を引くと、物事がまとまりやすい

▼「3」というマジックナンバーを利用する

「三段論法」「三種の神器《じんぎ》」「日本三景」「三賢人」「非核三原則」など、「3」を使った言葉は昔からたくさんあります。

商品のランクに、松・竹・梅、上・中・下があり、服のサイズにL・M・Sがあるように、「3」というのは、小さな数字ながら、すべてを網羅している、という印象を与えるのです。

試しに、「2」でとらえようとすると、「善と悪」「金持ちと貧乏人」「老人と若者」「天国と地獄」など、どうしても二項対立を感じさせます。その点、「3」という数字には、安心感・安定感があるのです。、「上」「下」に「中」を加えたということがみそで、イメージもしやすくなります。

幼児の発達過程では、数字の把握について、1、2、3はわかっても、4以上はただ単に「たくさんの数」ととらえる段階があります。この感覚は、大人

になっても残っています。だから、会議などで、

「この企画には3つの問題点があります」

と言うと、要点がまとめられた提案に違いない、と参加者の関心を引きやすくなります。**3点に分けられた問題提示はイメージもしやすく、提案そのものも通る可能性が高まります。**

これを「10の問題点があります」と言ったら、どうでしょうか？　それだけで、問題点が整理できていないのではないか、そもそも10点の説明を聞くなんて……、という印象を持たれてしまいます。それで、長い説明のあとにさまざまな疑問や反対が出て、意見がまとまらない、ということになりかねません。

だから、企画書を書く段階で、書き出してみると問題点が7つも8つもあったという場合、性質別に分類して、3つに絞り込んでいくことが重要です。それだけで、格段に企画は通りやすくなるものです。

「3」は、いわばマジックナンバー。問題点だけでなく、「企画の特徴は3つです」「調査の結果、ユーザーの反応は3つに分けられます」「商品の特性は3つです」など、さまざまに応用が可能です。

「こんなところが優れています」とポジティブ情報を伝えたほうが納得されやすい

▼「ネガティブキャンペーン」は逆効果

コロナ不況が続いて、消費者の財布のヒモが固くなっている昨今。安さで引きつけようと、売る側の価格競争も激しくなっています。また、売り上げを伸ばそうとするあまり、つい他社製品の欠点を指摘し、それに比べて自社製品が優れているとアピールするケースもあるようです。

これはアメリカのCMではおなじみの手法で、かつてコカコーラとペプシコーラがお互いの製品をけなしあうCMが有名でした。アメリカ大統領選では、対立候補を公に非難するネガティブキャンペーンがますます激しさを増しています。外から眺めていると、ショーのようで面白くはあるのですが……。

日本の選挙でも、中傷ビラがまかれるなど、一部でネガティブキャンペーンの手法が用いられたことがあります。でもあまり功を奏しませんでした。それどころか、メディア研究者の調査によると、「ネガティブキャンペーンを行った側に悪印象を持った」という人々が6割にも上りました。

人は物事を理解するとき、否定的情報よりも肯定的情報に影響を受けやすい。協調性を大事にする日本では、なおさらです。

日本では、批判することは「悪口」だととらえられがちと言われます。でもこれ、実はアメリカでも同じなのです。大統領選の激しいネガティブキャンペーンに接して、「誹謗《ひぼう》中傷合戦にはうんざりだ」と、選挙に行かなくなる人も若年層を中心に増えていると指摘されています。ネガティブキャンペーンの比較広告は、ヨーロッパ各国でも問題になっています。

どんな国の文化でも、〝悪口はいけない〟ということは子どものころから教えられるもの。大人になれば、「悪口を言う人は、それによって不満を晴らそうとしているのだし、自分に自信がないのだ」とわかります。悪口はむしろ、口にした本人の評価を落とすのです。

だから自社製品などを人に薦めたいときは、

「うちの製品はこんなところが優れています」

と、ストレートにポジティブ面を強調するほうが、納得されやすいのです。

情報を伝えるときは**「報道型」**、興味を引きたいときは**「ミステリー型」**で

▼「クライマックス法」と「アンチクライマックス法」

プレゼンテーションや講演、セールストーク、あるいは友人との会話などでもそうですが、誰かに何かを伝える場合には、**「報道型」**と**「ミステリー型」**があります。

新聞などが事件を伝える場合、最初に5W1Hを簡潔に記します。Who（誰が）What（何を）When（いつ）Where（どこで）Why（なぜ）How（どのように）という基本的な事柄を読者に伝えるわけです。その次に、被害者家族の話や、専門家による分析など、細部を書いていくという方法をとります。これが「報道型」です。

それに対し、事件の衝撃的な断片だけを最初に示して、「どうなっているんだろう?!」という謎で読者を引っ張り、次第に事件の全容を明らかにするのが、「ミステリー型」です。

物事を伝える方法として、結論を先に示す報道型を「アンチクライマックス法」、最後に結論を明かすミステリー型を「クライマックス法」と呼びます。

情報を伝える場合は、一般的に「アンチクライマックス法」が効果的です。これからどんな話が展開されるのか、心構えができます。電話や訪問販売でのセールストークなら「アンチクライマックス法」でいくべきです。話の核心部分を話す前に、電話を切られたりドアを閉じられてしまう恐れがあるからです。

自分に起きた出来事などに興味を持ってもらいたい場合は、「昨日、思いがけない人から電話をもらったんだよ。誰だと思う?」などと最初につかみを持ってくる「クライマックス法」が効果的です。どちらの場合でも、最初に受け手側の「興味」を引きつけることが必要です。プレゼンテーションや講演などでも、「クライマックス法」が効果を生む場合も多いものです。

うまく行えば、内容を強く印象づけられる「クライマックス法」ですが、肝心の部分を最後に明かすので、内容に自信のある場合に用いるべきです。

プレゼンで要領よく内容を伝えたいという場合は、報道型、つまり「アンチクライマックス法」を用いるほうがいいでしょう。

▼「沈黙」の活用

突然、**沈黙してみると、**冷静に考える余裕が生まれる

昔の野球放送の話です。9回裏の二死満塁の場面で、代打に出た選手がホームランを打って、サヨナラ勝ちをした試合がありました。劇的な逆転満塁サヨナラホームラン！　打球がレフトスタンドに吸い込まれた瞬間、放送していたラジオのアナウンサーは、「入った、ホームラン」と叫んだきり、しばし絶句したように沈黙しました。ラジオからは球場中の興奮の声だけが流れていました。しゃべることで物事を伝えるラジオで、しゃべらないことが雄弁に、球場の興奮を伝えていたわけです。

日本では、「沈黙は金」ということわざが有名ですが、もともとこのことわざは、西欧社会では「雄弁は銀」とセットになって使われることが多いのです。

大事なことは、**雄弁と沈黙を、いかにうまく使い分けるか、**ということです。

「先日、母が死んだんだ」

友人から、そう打ち明けられて、

「人は誰でも、いつか亡くなるものだから」

などと、一見、気の利いたようなことを話し出したり、「うちの母親も……」などと、おしゃべりを始める人も意外と多いものです。その人は気を遣っているつもりですが、こんなときには、やたらに言葉を重ねるより、

「それは、つらいな」

そうひと言だけ言って、口をつぐむほうがいい。沈黙が続くかもしれませんが、やがて友人は母親の思い出話を語り出すかもしれません。それに静かに耳を傾けることが、こんな場合にはむしろふさわしいのです。

沈黙の活用法は、他にもあります。

交渉で激しくやりあっているときなど、突然、沈黙してみるのです。そうすると相手は〝あまりにも言いすぎて怒らせたかな〟と不安になり、自分から譲歩してきたりします。**沈黙の間に、もう一度事態を整理することで、お互いの妙な「とらわれ」から解放され、冷静に解決策を考える余裕も生まれます。**

沈黙の使い方を知ってください。

何かを伝えるときは切り口を変えて繰り返し、最後に**「私の言いたかったことは……」**で念を押す

▼最後は「クライマックス効果」でダメを押す

人に何かを伝えたいときというのは、同じことを繰り返して話すものです。テレビなどのCMが有効なのは、何度も商品の名前を聞くことで、人々の記憶に刷り込まれていくからです。また、選挙のとき、候補者の名前を連呼するだけの選挙カーが走り回ったりするのも、繰り返しに効用があるからです。

心理学者のウィルソンは、実験のために、障害者へのボランティアの必要性を訴えた講演ビデオを2本作成し、学生に見せました。

1本のビデオには10の主張を入れ、もう片方には4つだけ主張を入れました。そして、どちらに説得力を感じたかを答えてもらったところ、83%が10の主張を入れたビデオに説得力を感じたと答えました。

どちらも、同じ内容を見方や切り口を変えて繰り返したものですが、それが4つの場合より、10のときに見る者を引きつけるものがあったのです。

この実験結果は、繰り返しの重要性を意味するとともに、見方や切り口を変えるというところにも注目すべき点があります。

会話をしていても、人の集中力の持続時間には限りがあるものです。いつの間にか相手が他の考え事をしていたりして伝えたいことが伝わらない、ということも多々あります。

沈黙が続いてしまったりして気まずい雰囲気になった場合、そのままなんとなく会話を切り上げてしまうと、話全体の印象も弱まってしまいます。

そんなときは、次のフレーズを使って、今まで話していたことのまとめをダメ押しで伝えればいいのです。

「今回、私が言いたかったことは……」

「結論を言えば……」

これで改めて、相手はあなたの話に集中してくれるし、内容も理解しようと心がけてくれることでしょう。そうすれば**「クライマックス効果」、つまり最後が一番印象に残るという効果が働き、伝えたいこともしっかり伝わることになります。**

「○○さんもご指摘の通り」と名前を挙げた上で、最後の発言者になって主張を通す

▼「新近効果」の応用

会社の会議などでは、自分の意見や主張を通そうとして、他の人よりも多くしゃべろうとする人がいます。そういう人が大勢いたら、確かに議論は白熱します。でも、そうした議論の最後に、それまでずっと黙っていた人が発言して、その意見ですべてが決定するということが、実はよくあるのです。

これは心理学で**「新近効果」と呼ばれています。人は最も新しい情報に左右されやすいことを示す原理です。**

アメリカの心理学者アンダーソンが実験によって、これを証明しました。それぞれ異なる5人対5人の学生で、テーマを変えて300回のディベートを繰り返します。そして、どういう主張が一番支持されたかを観察しました。すると、最後の発言者の主張が支持されたケースが74%に上りました。

最初の発言者に疑問が出されたり、異議が唱えられたりして、議論はいくつ

かの案に収斂《しゅうれん》されていくもの。

最後の発言者は、それまで出た意見のいいところを吸い上げてまとめることができます。さらに、

「○○さんも言っておられましたが」
「○○さんもご指摘の通り」

など、**名前を挙げて、それまでの発言者に敬意を払うと印象もよくなり効果的**です。それまで対立していたにもかかわらず、名前を挙げられた発言者は「自分の意見が採り入れられた」という印象を抱きます。しかし実際の勝者は、最後の発言者に他なりません。冷静に流れを見ながら、**最後の発言者になることに気を配りましょう。**

「問題点はないでしょうか？」と意見を求めて、上司も参加したような気分にさせる

▼「出る杭」に見せない工夫

近年では一人のカリスマ的なリーダーが引っ張る組織よりも、社員一人ひとりの独創性が発揮される組織のほうが伸びていくと言われます。

とは言うものの、日本ではまだまだ、上司が部下の独創的な意見を吸い上げるというケースは少ないでしょう。さまざまな提案のできる、優秀で自信に溢《あふ》れた若い部下がいても、ついつい押さえつけてしまう上司が多いのが現実ではないでしょうか。

昔から「出る杭《くい》は打たれる」と言われます。上司にそう見せないような工夫が、実はあるのです。

「企画を考えてみたのですが、何か問題点がないか、ご覧いただけますでしょうか」

などと、**上司に意見や感想を求める形で提案する方法**です。

上司のほうも「自分はズレているのではないか」「感覚が古くなっているのではないか」と、部下からの評価を案外気にしているもの。そこで、**意見や感想を求める形での提案の仕方が有効**なのです。これなら、自分が頼りにされている、評価されていると感じ、上司は快く企画書に目を通すことができます。

そして、部下にアドバイスを与えることによって、企画書作りに自分も参加したような気分になり、その企画を押してくれます。

ちなみにこんなときは、上司からのアドバイスはなるべく受け入れ、どうしても合わないと思うものだけをやんわりと断る程度にしておくのがベター。すると上司は、気分よく会議でも味方してくれるはずです。

「いかがでしょうか？」

「どう思われますか？」

「ご意見を伺いたいのですが」

上司に提案するときにこんなマジックワードをつけ加えることで企画が通りやすくなる上、上司の覚えもめでたくなる。一石二鳥の方法なのです。

「一度しか言いませんよ！」のひと言で、人はあなたの話に集中してくれる

▼「集中力」のリフレッシュ

人間の集中力というものは、そんなに持続するものではありません。聞きたい話に真剣に耳を傾けていたとしても、せいぜい1時間が限度です。テレビのCMが15分に一度くらいの間隔で入るのも、人間の集中力のサイクルがこれくらいだからといいます。学校の授業も、45分とか90分とか、15の倍数で構成されているのも、これが関係しているのでしょう。

長い会議やプレゼンテーションでは、参加者の注意力が散漫になりがちですが、〝ここからが大事〟という聞かせどころで使うおすすめのフレーズが、「一度しか言いませんよ！」です。

なんとなく聞き流していた人も、こう言われると**「何か大事なことかもしれない」「聞き逃すと損をするかもしれない」**という心理が働いて、**さっとあなたの声に集中してくれます。**

また、こちらが一方的に話を聞いてもらいたいと思っているような場面で、まず相手の好奇心をかき立てなければいけないというときにも、このフレーズは有効です。

ただしこのフレーズは、ひとつの場面で、1回しか使えないので、注意が必要です。同じ場面で何度も使うと「またか」「オーバーな奴だ」と、あなたへの信頼性を失ってしまうことにつながります。インパクトが強いフレーズだけに、使いどころに注意して、〝オオカミ少年〟と思われないように気をつけてください。

会議のたびに使いたいという場合は、本当に大事なポイントだけに使うようにすると、**「彼があの決まり文句を出したときには、注意して聞いたほうがいい」**と、みんなに覚えてもらえます。

具体的に言うと、最もこのフレーズが効果を発揮するのは、3回の会議で1回くらいの割合です。このくらいの頻度だと、このフレーズのインパクトがそのまま発揮されるでしょう。

優柔不断な人には、**「これが最後のチャンスです」**のひと言で決断を促す

▼「デッドライン・テクニック」を活用する

デパートの店員さんたちに聞くと、〝あれも嫌、これもイマイチ、もっと他にいいのないの？〟といろいろ注文をつけておいて、挙句《あげく》は「今日は気分がのらないからやめておく」と何も買わずに帰るお客は結構多いといいます。

〝ホント、頭に来るわ！〟と思っても「またのお越しをお待ちしています」と笑顔で頭を下げるなんて、本当に大変な仕事だと感心します。

こんなケースは一般のビジネスの場面でも結構あるのではないでしょうか。

こんなタイプの人に有効なキーワードが「最後です」という言葉です。

人間は「最後です」と言われると、「これを逃したら損をするのではないか？」というように感じるものです。この心理作用をうまく使うのが「デッドライン・テクニック」です。

たとえば、冒頭に書いたデパートのお客様の場合。ここがアクセサリー売り

場だったとして、「もっと別のタイプはないの?」と言われたら、「はい、こちらです」とさも大事そうに品物を差し出して、「人気デザイナーの一点物なんです。ちょっとお値段は張るのですが、今、検討中という他のお客様がいらっしゃるんですよ。明日、その方がお見えになります」と告げてみましょう。

〝今を逃したら、これは手に入らないかもしれない。これが最後のチャンス〟というメッセージは確実に伝わり、きっと購入につながるでしょう。

「今日限りの特別価格」「人気のこの商品も残り20個になりました」などと限られると、〝見ておかなくては〟〝買っておいたほうがいいかも〟などと思うものです。スーパーでよくやっているタイムセールも、このデッドライン・テクニックの活用です。そう言われて、つい買ってしまった! そんな経験、きっとあなたも覚えがあるでしょう。

なかなか決断ができない人には、こうした**デッドラインを設定してあげる**のが有効な方法です。そのときも「私はどちらでも構わないのですが、どうされます?」とソフトタッチで話すことが重要です。

「普通はこれくらいなのですが」と伝えると、相手の頭の中にイメージを設定できる

▼「フレーミング」を活用する

はっきりと値段がわからない商品は結構多いものです。宝石、美術品などの価格相場を知っている人は少ないでしょう。化粧品、薬、健康食品などは、あまり安いと効果を疑われるので、高めに値段設定していることもあるそうです。

このように、もとの値段がよくわからない商品を売るときに有効なのが、「普通はこれくらいです」というフレーズです。たとえば仕入れ価格5000円で、売り値は裁量で決められる健康サプリメントを売るとしましょう。

このときに使えるのが「**フレーミング**」という心理テクニック。**自分の願望をうまく伝えて、買い手の思考の枠組みを変え、売りたい製品やサービスを目立たせるという方法**です。

5000円のサプリメントを1万円で売りたいと思ったら、こんな話し方をして、買い手の頭に枠組みをインプットするのです。

「サプリメントも種類や値段がまちまちで、選ぶのが大変ですよね。この製品の主成分はとても希少なものなので、このくらいの容量だと普通は1万5000円から2万円はするんですよ。○○食品さんや◇◇製薬さんの商品をご覧になったことがあるでしょう？　でも、うちはパッケージや広告にお金をかけないので、この値段でお分けすることができるんです」

この場合、実際の相場がいくらかはあまり重要ではありません。「これが普通の値段」と強調されると、たいていの人は、相場はそれくらいかと思い込んでしまうのです。こうして買い手の頭に固定枠を設定してから「うちは1万円です」と言うと、〝安いな〟と感じてしまうのです。

この法則はコマーシャルなどにも応用されています。「従来の製品は……」「最近の市場調査の結果では……」などのセリフは、このフレーミング効果と考えて間違いありません。

「普段は僕、こんなことしないんだけど、君のためだったらやってあげたいと思うから不思議だね」なんていうように、プライベートのシーンでも活用してみてはいかがでしょう。

「お聞きしてよろしいですか？」のひと言で、自分の側に相手を誘導できる

▼「質問形式」を巧みに使う

会社では往々にして、現場に近い社員のほうが、その上司よりも状況をきちんと把握しているものです。上司の指示通りに仕事を進めていると、よけいなロスが生じ、不要な時間や経費がかかることにもなりかねません。

しかしそのロスを省こうとして、

「課長が現場にいたときと時代が違うんです」

「もうすでに無駄な労力が多いって不満が出てますよ」

などという言い方をしたら、どうなるでしょう。

「それなら、お前の思う通りやってみろ！」

と上司はヘソを曲げ、あなたの意見が通ったとしても、感情的なしこりが残ることになります。

こんな状況で、通った案が失敗しようものなら、

「それ見ろ、言ったこっちゃない！」

とフォローもしてもらえず、評価も下がってしまうのがオチです。

そうならないために上司の指示に反論するときの言い方を考えてみましょう。

①「確かにその通りです。それだからこそ、こういう考え方もできるのではないでしょうか……」

②「基本的には賛成なのですが……」

③「お言葉を返すようですが……」

④「ひとつお聞きしてよろしいでしょうか……」

どれも、相手に気を遣う言い方に見えますが、よく見ると①～③は「だからこそ」「なのですが」「ようですが」と、次に反対意見を言いますよとほのめかしている言い方です。

この場合、最も効果的なのは④の、**「質問形式」**という一見シンプルな言い方です。

「ひとつお聞きしてよろしいですか？　現場でこのようなロスが生じているの

ですが、どのようにしたらいいでしょうか」

などと聞いてみる。

それで上司が考えた末、「それなら、こうしたらいいよ」と、正しい回答を出してくれたら、それで問題は解決です。

上司の意見で納得しない場合は、

「おっしゃることは理にかなっています。それを基本にして、このあたりも改善してはどうでしょうか」

と、あなたの考えていた提案をする。その際に**質問形式にして、お伺いを立てるような形をとると、相手は自分に決定権があると錯覚して、気分よくあなたの提案を受け入れてくれる可能性が高い**でしょう。そのとき、「〜ですが」などの逆説の接続詞は避けて、反対意見だと感じさせないことがコツです。

そうすれば、上司には一緒になって問題を解決したという感覚が残り、波風が立つこともありません。

質問形式をとることは、こちらの意見を通しながらも、相手に〝反対した〟という印象を残さないので、きわめて有効なテクニックなのです。

「お茶でも飲みませんか」のひと言で、相談相手に心の準備をさせる

▼「喫茶去」で友好的な雰囲気を作る

何か悩みがあるとか、頼みたいことがあるという場合、誰かに相談したいのになかなか切り出せないという人も多いかもしれません。そうしたときは、気後れせずに、**飲食に誘う**という方法がおすすめです。

なぜ飲食を共にすると説得効果が高まるのでしょう？　その理由のすべてが解明されているわけではないのですが、口や胃を潤すことが精神的なリラックス効果を生むからではないかという説が有力です。つまり、飲食することが快体験になり、心地よいときには心も素直になる。そこで、おおらかな気持ちで相手の言うことに耳を傾けられるということです。

また、何か食べていると、口を開きにくくなり、自然に相手の話に耳を傾けることになり、反論もしにくいという理屈です。

禅の言葉にも「**喫茶去**《きっさこ》」というものがあります。お寺などに行くと、よく額

になってこの言葉が掲げてあるのを見たことがある読者もいることでしょう。これは、「日常即仏法《にちじょうそくぶっぽう》」という禅の境地を象徴する言葉として有名で、意味は「さあ、お茶を飲みなさい」です。みんなで緑茶をすすりながら胸襟《きょうきん》を開いて歓談することで、友好的な雰囲気を作り上げることができるのです。

だから、その場で言いにくい相談事がある場合は、

「ご相談したいことがあるんですが」

といきなり持ちかけるよりも、

「お茶でも飲みませんか」「一杯やりませんか」

といった婉曲的《えんきょくてき》な誘いの言葉を使うとよいでしょう。

お茶を飲もうとか、一杯やろうと誘われた時点で、相手は何か相談事を切り出されるのではないかという予感を持ち、心の準備ができます。だから実際に店に入ったときには、すでに話を聞こうとするウォーミングアップができているというわけです。

その上で、前ページに述べたような飲食効果が加算されるのですから、相談事はもう、半分解決されたようなものです。

逆に、普段あまり気軽に飲食を共にするような関係でない人から、お茶やお酒に誘われた場合、その人と面倒な話や腹を割った話をする気がないなら、誘いを断ったほうがいいでしょう。

そうすれば「話を聞いてくれる気はないのだな」と諦める可能性が大。逆に、断ったにもかかわらず、再度お誘いがあった場合は、それなりの心構えをして出かけることが必要です。

相談事を聞いて、相手の意に沿えないときは、はっきり断ることが肝心です。そのときのうまい断り方については、次のページを参考にしてください。

「もし私があなただったら……」のひと言で、相手の賛同を得られやすくなる

▼「同一化」の利用

部下や同僚、友人から相談を受けたとき、相手の考えに賛成できなかったらどうしたらいいでしょう。こういう場合、

「そんな考えはうちの会社では通用しない」

「そのやり方では必ず失敗する」

などと、頭ごなしに否定するのは避けましょう。相手は心が折れてしまったり反感を持ったりしがちなため、その後の人間関係にはマイナスです。

こういうときは、

「もし僕が君だったら……」

「もし私があなただったら……」

と話し始めるのが上策です。

こう切り出せば、たとえ相手とは違う意見をぶつけたとしても、「私の立場

に立って考えてくれている」という好印象を与えられます。また、あくまでも個人の考えという響きが出るので、押しつけがましさもありません。

さらに効果的なのは、自身の体験を交えて話すことです。

「取引先を怒らせてしまった」「デートで失敗してしまった」などといった相談だったら、自分も同じような失敗をしたことがある、と話し始めれば、「誰にでも失敗はあるんだな」とか「この人がそんな間違いをしたなんて」と、相手は安心感と共感を覚えるでしょう。

そして、そこからどのように挽回《ばんかい》したかなどの体験談を話せば、相手は身を乗り出して聞いてくれるはずです。

これはもちろん、失敗談などの場合だけでなく、新たな企画の提案や旅行の計画などの場合にも応用できます。

「私があなただったら……」

という話し方をしていけば、次第に「私」と「あなた」が一致して、共感が広がり、賛同を得られやすくなるのです。これは心理学では**「同一化」**として知られる心の動きです。

「それなら、こっちにしたらどうでしょう」と対立案を持ち出して、すすめたい意見へと相手を導く

▼「ブーメラン効果」を利用する

あるレストランオーナーが新店舗を出すにあたり、場所はどこにしようかと悩んでいます。そこへ経営コンサルタントが、新たに開発が進んでいる街での開業をすすめたとしましょう。

「だけど、そういうところだと、これからどんな競争相手が参入してくるかわからないし、勝ち抜いていけるだろうか」

と迷うオーナーに対し、

「他の場所での実績もあるんだし、あなたくらい実力があれば大丈夫ですよ」

などと、あの手この手ですすめますが、オーナーはなかなか決断しようとしません。

そんなとき、コンサルタントが、

「それなら、こっちにしたらどうでしょう。繁華街で、すでに出店しているレ

ストランの調査もできるから、差別化がしやすい。急激な発展も見込めないかわり、失敗のリスクも低いでしょう」

と、別の街をすすめたとします。そんなとき、迷っていたオーナーは、「いや、やっぱりチャレンジ精神が必要だ」

と、最初に検討していた街での出店を決断したりするのです。

最初に示したA案に相手が決めかねている場合、対立的な内容のB案を示してメリットを説明する。すると相手は、結局A案を選ぶことが多いのです。

これはセールストークなどでよく使われる、**「ブーメラン効果」**を用いたテクニックです。

オーストラリアの先住民アボリジニが用いるブーメランは、回転しながら空中で弧を描いて元の場所に戻ってきます。アボリジニは、カンガルーなどを狙うとき、反対方向にブーメランを投げ、カンガルーを油断させます。でもブーメランは弧を描いて戻ってきて、カンガルーに命中します。

人間の心理にも、同じようなメカニズムがあるのです。A案を強くすすめられると、それに対する疑念や不安を強く感じます。でもこのときに、対立する

B案を示されると、それまですすめられていたA案が遠ざけられたように感じてしまいます。また、比較対象が登場したことでA案を再評価する心理が働きます。自分で口にはしなかった、A案に感じていた魅力を強く意識し始め、結局はA案になびくことになる。

つまり、**本当にすすめたい案と同時に、あえて対立案を提示して本命を選ばせるテクニックです。**

でも、本当にすすめたいA案でなく、相手の気持ちがB案に向いてしまうことがないわけではありません。B案を提示する前に、A案のメリットを丁寧に説明しておくことが肝心です。

「ハードルをひとつ越えたね」など、相手を認める"ほめ言葉"でやる気を持続させる

▼人に認められたい「承認欲求」を満たす

会社が従業員に対して、あるいは親が子どもに対して、やる気を引き出すためによく使われるのが「アメとムチ」のテクニックです。

「成績が上がったら、ほしがっていた新しいゲームソフトを買ってあげよう」

と約束して、子どものやる気を促《うなが》す。

「この大口の契約が成立したら、ボーナスは期待できるぞ」

と上司が部下にハッパをかける。

これらがアメです。

それに対して、ムチもあります。「遅刻したら罰金を取る」というようなペナルティがそれです。でもムチだけでは、成績や業績のアップにはつながりません。ミスをしたらムチを与えるというやり方をアバーシブコントロールと言います。恐怖による気持ちの操作では、人は失敗を恐れて萎縮《いしゅく》してしまうのが

オチです。アバーシブコントロールには限界があります。

失敗の積み重ねの中から成功が生み出されるということも、少なくはありませんが、成功につながらない失敗は何の役にも立ちません。失敗を恐れる気持ちが強くなると、成功に必要なチャレンジ精神も、粘り強く頑張り続ける精神的タフさも次第に失われてしまいます。

アメのほうが、積極的な行動を引き出すのにはずっと効果的です。でも、アメにしてもムチにしても、回を重ねるに従って、その効果は徐々に薄れていくものです。

子どもの成績が上がる度合いによってプレゼントのグレードを高める、従業員の成果の上がり具合によってボーナスの額を上げる、などをしていっても、いずれは限界がきます。

心得るべきポイントは、**「物質的なアメ」には限界があるが、「精神的なアメ」は与え続けることが可能だ**、ということです。達成感が、精神的な快楽として心に刻まれるからです。だから、誰かが成果を挙げたとき「よくやった、おめでとう」「ここまで成功させるなんて人間的な成長さえ感じるよ」「今まで越え

られなかったハードルを越えたな」などと、必ずほめることが重要です。
他人から認められるということは、誰にでも大きな喜びです。上司や家族など、努力してきた過程を見てくれていた人からの称賛なら、なおさらです。
心理学的に言えば、これは**人に認められたいという「承認欲求」を満たしてあげる**、ということです。
でも、ほめるといっても毎回同じ言葉では、やはり効果は薄れます。相手が達成した内容によって、ほめ言葉もうまく変えていく工夫が必要です。

人を頑張らせたいなら、**目標やゴールを数値化**する

▼具体的な「数値」を示す効果

ある女性が約2キロの遠泳大会に参加しました。最初は順調に泳いでいたのですが、急に発生してきた霧で視界が悪くなり、次第に疲れもたまってきて、彼女は〝とても泳ぎ切ることはできない〟という思いに駆られました。結局彼女は、「諦める勇気も大事」と考え、手を振ってリタイアの合図をし、ボートに引き上げてもらいました。

ボートに乗って進んでいくと、霧の彼方にぼんやりと、ゴールの島が見えてきました。それは、ほんの200メートルほど先でした。

「ああ、ゴールまであと200メートルだとわかっていれば、疲れていても、力を振り絞って泳ぎ切ったのに……」

彼女は唇を噛んで悔しがりました。

ゴールが見えないこと、自分がどのあたりまで来ているのかがわからないこ

とほど、人を不安にさせることはありません。

この心理がわかっているために、マラソン大会などでは、ところどころに「ゴールまであと何キロ」と、大きなボードで残りの距離が表示されています。スポーツのトレーニングでも、大会まであと何日で、それまでにどのようなことを行うのかを、コーチは明確に示します。

スポーツに限らず、**ゴールを示して人を動かすことは、会社の管理職を初めとして、あらゆるリーダーに必要**とされることです。

「今日は、あと10人のお客さんを呼び込めば、目標は達成だ」

「今月は、あと９０００万円の契約成立で、先月売上を越したことになる」

など、**具体的な数値を示されると、やみくもに尻をたたかれるより、はるかに効果大。どれだけ努力すればいいかが明確化されるから**です。

このとき示す目標は、あまり遠くに感じられるようなものでは逆効果。努力しても達成できそうにない、という諦めにつながってしまいます。**〝もうひと踏ん張りすれば達成できる〟という近さに設定することがポイント**です。こういうところにこそ、リーダーの才覚が問われます。

「あなたはきっとよくなる」のひと言で、暗示をかけてその人の成長を促す

▼「ピグマリオン効果」の応用

一流企業で働いていてさっぱりの業績だった人が、起業したばかりのベンチャー企業に転職して、次々と成果を挙げていく、というケースがままあります。あるいは、有名高校で授業についていけずに不登校になった生徒が、フリースクールに行くようになったら、ぐんぐんと成績を伸ばすようになった、というケースも見られます。

大組織や伝統校になじまないユニークな人物だったのだ、という見方もできるかもしれませんが、それだけではないのです。

たとえば、そのベンチャー企業の場合、社員が取引先との契約に失敗したときには、上司がそのプロセスを詳しく聞き出し、

「商品の説明の仕方はとてもよかったんだ。ただ、価格の提示の仕方がまずかったね。それさえ改善すれば、次は必ず契約が取れるよ」

などと声をかけていたり、フリースクールでも、

「公式のとらえ方は間違っていない。途中で単純な計算ミスをしているんだ。もうちょっと気を付ければ、正解が出せるよ」

というように、相手に期待を寄せる言葉をかけていたりするのです。

このときに**重要なことは「君はできるんだ」というメッセージを含んでいること**です。

これは、心理学では**「ピグマリオン効果」**と呼ばれています。

ドイツ生まれのアメリカの教育心理学者ローゼンタールは、１９６３年から１９６４年にかけて、一連の実験を行いました。

サンフランシスコの小学校で知能テストを行い、結果が出たところで、受けた生徒の20パーセントを選び「この子たちが、今後数カ月の間に成績が伸びる子どもたち」だと教師に告げました。しかし実際は、その子どもたちは名簿から無作為に選んだだけでした。

そして8カ月後、再び知能テストを実施すると、選ばれた子どもたちの成績は、他の子どもたちに比べて、本当に著《いちじる》しく上昇していたのです。

これが「ピグマリオン効果」、別名を「教師期待効果」「ローゼンタール効果」とも言います。ピグマリオンという名は、ギリシャ神話に由来します。キプロスの王であったピグマリオンは自分で彫った象牙の乙女像を愛し続けた結果、乙女像は愛の女神アフロディテによって生命を与えられ、本物の人間になった。

このエピソードにちなんで、人がある期待を持って、それが達成されることを「ピグマリオン効果」と呼ぶのです。

人間は「この人はきっとよくなる」と期待されると、それを感じ取り努力するものです。選ばれた生徒たちは、教師の期待を感じ取って努力したのだと考えられます。

逆に、「この人は悪くなる」と思い続けていると、悪い結果が出るということもあります。先の例に照らせば、教師が成績アップを期待しない生徒は成績が下がるということです。こちらは、**「ゴーレム効果」**と呼ばれます。ゴーレムとは、ユダヤの伝説にある、意思のない泥人形のことです。

周囲の人々によくなってもらいたいと思ったら、そのように期待し、言葉に表すべきなのです。

「○○するな」ではなく「○○しよう」で、やりたい方向へと相手を導く

▼「カリギュラ効果」を避けよう

観光地や建物の中に「立ち入り禁止」などの大きな立て札があると、この先にいったい何があるのだろうと、かえって気になるもの。そういう心理は、誰にでもあります。実際に足を踏み入れてしまったことがある、という人も少なくないでしょう。

これは「**カリギュラ効果**」と呼ばれるもので、禁止されたことをついやってみたくなることを言います。この名がついたのは、1980年のイタリア・アメリカの合作映画『カリギュラ』から。この映画、超過激なポルノ映画だったのですが、その過激さのため、これをある地域で上映禁止にしたところ、かえって評判になってしまいました。

このように、禁止されるとよけいに頭に残ってしまうという例はたくさんあって、たいていの場合は逆効果になるから要注意です。

たとえば、優秀な野球のコーチは、試合のとき、バッターに対して「外角低めには手を出すな！」という指示は絶対しません。〝外角低め〟という言葉が頭に残ってしまい、実際にそこに球が来たら、選手はついバットを出してしまうからです。結婚式のスピーチで、新郎の過去の失敗については絶対にしゃべってはいけないなどと強く自分に言い聞かせていたのに、つい口を滑らせてしまったということ、皆さんもありませんか。

強く禁止されることによって、かえってそれを意識してしまう心理が、どうしても人間には働きます。そのため、思わぬところでミスをしたり、禁止されたことをわざわざしてしまったり……よくある例です。

だから**人をある方向に動かしたいときには、「○○をするな」と禁止するのではなく、「○○をしよう」と、すすめたいことを言葉にする**のがいいのです。

野球だったら、コーチは「内角高めを狙え！」と言葉にしたほうがいい。会社で部下を指導する際にも、「このようなプレゼンをするな」と禁止するのではなく、「このようにプレゼンしよう」と、推奨する内容を指示するほうがうまくいきます。

「よくやったね！」とその場でほめれば、相手はあなたの気遣いに感謝する

▼「ポジティブフィードバック」の応用

人を育てるとき、「ほめて伸ばせ」とよく言われます。確かに人をほめることが上手な人は、いい人間関係が築けることが多いのです。

でも、同じほめるのなら、最大限にその効果が表れるようにほめたいもの。そんなほめ方のひとつは、**結果が表れたとき、その瞬間に、皆の前でほめる**ということです。

苦労して大口の契約を取ってきてオフィスに戻ってきた、まさにその瞬間、

「よくやったね！　素晴らしい成果だよ」

と、上司から声をかけられたらどう感じるでしょう。

「ああ、ちゃんと自分のことを見ていてくれたんだ。そして、今日のことも知っていてくれたんだ」

と感激するに違いありません。

ほめることは、社会的な「強化」です。社会的に求められるような行動があったときに、その部分を認め、そう伝えることで、そうした行動が増加するように**「ポジティブフィードバック」**を与えるのです。

ほめることが得意な経営者は、前述のようなケースでは社長室から飛び出してきて、

「よくあんなに難しい会社から、契約を取り付けてきたものだ。さぞや、苦労したことだろう」

などと称賛したりします。

社員にとってこれは、ボーナスをもらうよりも発憤《はっぷん》材料になるのです。

契約など大きなことでなくとも、恋人や配偶者、あるいはお子さんが作ってくれた料理がおいしかった場合なども、その場でほめる、その場で感謝を伝えることが重要です。

逆に、人を叱る場合も、「その場で」ということは大切です。これは、ミスと叱ることとの因果関係をはっきりと印象づけるためです。ただ、叱る場合は、皆の前でするか、個別にするかは、ケースバイケースで使い分ける必要があります。

何度も同じミスを繰り返したり、社会的モラルに反することを行った場合などは、容赦なく、皆の前で叱責《しっせき》すべきです。

単なる技術的ミスの場合は、個別に叱るほうがいい。

他の者が同じミスをしないよう注意を促したい場合は、当人の名前を出さずに、皆にその事例を紹介すればいいでしょう。

そうすれば、相手はあなたの気遣いに感謝して、やる気を失わないし、もっと努力してあなたに報いようと思うことでしょう。

「○○しよう」とポジティブ思考に誘えば、問題行動が減って良い結果が出る

▼「拮抗条件づけ」の応用

心理学に「**拮抗《きっこう》条件づけ**」という用語があります。**問題となる行動と両立しないような別の行動を選んで推奨していけば、結果的に問題行動を減らすことができるという、行動療法のテクニックです。**

たとえば、社内で部下や同僚の電話応対が非常に悪かったとします。これを改善したいときにはどういう言い方をすればいいでしょうか。

ついやってしまいがちなのが、たとえばお客さんからのクレーム電話に一生懸命答えている部下に対して、

「そういう応対の仕方はだめだ！」

と、相手の行動を直接否定する言い方です。

これでは、本人の自信を失わせ、電話をとることが嫌になってしまうことでしょう。あなたに対する反感が芽生えてくることだって、十二分に考えられま

す。ここで「拮抗条件づけ」のテクニックの出番です。

ここでの上手な注意の仕方は、

「感じのよいクレーム応対のノウハウを書いたマニュアルがあるから、今度みんなで実践してみよう」

と、今までと違う方法を提案することです。

応対の悪さを叱るのではなく、「マニュアルを実践してみよう」とポジティブな行動を推奨するのです。

それからあとは、マニュアルに照らしながら、反省すべき点を具体的に示したりして、みんなで学んでいけばいいのです。

叱る、禁止するという行動に出なくても、ポジティブな行動が増えれば、段階的に問題行動は減っていくのです。

それに、この方法なら、相手のやる気やプライドを損なうことなく、良い結果を導くことができます。

子どもへの対応でも同じことが言えます。テストの結果が悪く、落ち込んで

いる子どもに対して、

「いったいどんな勉強の仕方をしているんだ！」

と頭ごなしに叱っては、自分が否定されたことにショックを受けるだけで、勉強に対するやる気は起きません。親と話すことさえ嫌になったりするかもしれません。そんなとき、

「どうだい、一緒に本屋さんに行って参考書でも選んでみようよ」

とポジティブな提案をして、成績を上げるためにどんな行動を取ればよいのかを教えます。

そして本屋の帰りにハンバーガーショップにでも立ち寄れば、子どもとの仲も回復するし、「将来〇〇になりたいんだ。どうしたらいい？」等と会話も弾んで、より深いコミュニケーションも得られることでしょう。

相手をポジティブな行動へ導けば、自然によい結果が出てくるのです。それが強化になって、自らポジティブな行動をしたいという気持ちが高まり、やる気につながっていくのです。

「〇〇さんは頼もしそうですね」などの曖昧なほめ言葉を相手は都合よく解釈する

▼「自己説得効果」を活用する

　こちらの要求を受け入れてもらいたい相手には、まず気持ちよくなってもらうことが重要。そのために有効なのが、相手を〝ほめる〟という方法です。ただ、あまり見え透いたほめ方では反感を買ってしまうため、**「できるだけ曖昧にほめる」ことがポイント**です。

　たとえば「あなたの眉は、きりりとして男らしい眉ですね」という言い方は、具体的でわかりやすいほめ言葉。これに対して、

「あなたはなんとも上品なムードを持っていますね」とか「〇〇さんは頼もしそうですね」等というのが曖昧なほめ言葉です。

　その**言葉の意味が曖昧であればあるほど、言われた人は自分なりに勝手な解釈をして、そのほめ言葉を受け止める**もの。

「眉が男らしい」というのは眉の形をほめただけ。「オイオイ、男らしいのは

眉だけかい？」と突っ込みを入れたくなる人もいるでしょう。

でも「なんとも上品」とか「頼もしそう」などと言われると、顔立ち、声、ファッション、立ち居振る舞いなどを含めて、ほめられているように錯覚してしまうのです。これは曖昧であればあるほど、自分に都合のいい解釈ができるものです。それに、具体性がない分だけ、度を過ぎたゴマすりにならないという点も、この方法の大きなメリットです。

1章でも述べましたが、これを心理学では**「自己説得効果」**（47ページ参照）と言います。「他人から押し付けられる説得よりも、自分で自分を説得させたほうが、ずっと説得効果が高くなる」のです。これはどんな場合にも当てはまります。

子どもに「勉強しなさい」といくら言って聞かせても、スルーされることが多いのですが、その子が学校で悔しい思いをしたり、授業中に面白さを発見すると、自主的に勉強するようになります。

自分で納得したもののほうが受け入れやすいということです。**曖昧なほめ言葉を言われると、自分でそれなりの解釈をしないといけないので、「自己説得効果」**

が発揮されるというわけです。

また、**ほめるときには「比喩《ひゆ》」も効果を高めてくれます。**

村上春樹氏の小説には「（君のことが）春の熊くらい好きだよ」（『ノルウェイの森』）とか、「元気だよ。春先のモルダウ川みたいに」（『スプートニクの恋人』）など摩訶不思議な比喩が満載ですが、この比喩表現が独特の作品世界を作り出して、世界中の多くのファンを魅了しています。

それは読んだ人が、その比喩に対して、自由にイマジネーションを広げて解釈できるということに秘密があるのです。

「A君はこれ、B君はこれをやって」と責任分担すると、グループの仕事効率がアップする

▼「リンゲルマン効果」による力の減りを防ぐ

上司が何人かの部下を選んでグループで仕事をさせることがあります。多くの人数で役割分担を決めて進めたほうが効率がよいように思うからです。ところがそうとも言い切れないということが、ドイツの心理学者リンゲルマンの実験によって証明されています。

1本のロープを1人、2人、8人で引っ張った場合の、それぞれの張力を測ったところ、全体の張力は集団の人数が増えるに従って大きくはなったのですが、2人の場合、8人の場合で、1人のときの2倍、8倍の張力になったかといえばそうではなく、それを下回ったという結果が出たのです。

つまり集団が大きくなればなるほど、一人ひとりが出した張力は低下していったのです。これを**「リンゲルマン効果」**と呼びます。

これは「集団の規模が大きくなるにつれて外部からのプレッシャーが拡散さ

れ、メンバーそれぞれの努力の度合いが減少してしまうためだ」と、心理学者のラタネが解説しています。人は**グループで仕事をこなすとき、個々の仕事で見られたやる気が減少してしまう傾向がある**のです。

だから何人かのグループで仕事をさせる場合は、

「3人でこの書類を500部作っておいてくれ」

などとグループ全体に仕事をまかせるようなやり方はやめて、

「○○君はコピーを取って、○○さんは製本をして……」

というように、必ずそれぞれに仕事の分担をして、個人の責任を明確にすることが大切なのです。

そうすれば、個人個人のやる気を保ちつつ、グループの仕事の効率もアップさせることができるのです。

できればリーダーを決め、その**リーダーが中心になって、それぞれの責任分担を自主的に決める**ことが望ましい。上司からの一方的な命令で分担を決められれば、「それだけをやればいい」という気持ちが起こり、グループで仕事をするメリットが減少してしまいます。それを避けるためです。

部下に頼み事をするときは、「命令」ではなく「お願い」で表現する

▼相手の「自立心」を尊重する

いい人間関係を築くには、自分から近づいていくことが大切。これは、上司と部下という上下がはっきりした関係でも同じです。

たとえば上司が、部下に書類のコピーを頼む場合、以下のような4つの言い方が考えられます。

①「ちょっと、君」と、自分のデスクに呼びつけて、「これ、コピー取って」と言う。

②「ちょっと、○○くん」と、自分のデスクに呼びつけて、「この書類のコピーを取ってくれないか?」と言う。

③相手のデスクまで行って、「○○さん。すまないけど、この書類のコピーを取ってくれないか?」と言う。

④相手のデスクまで行って、「○○さん。多忙なところ、誠にすみませんけど、

この書類のコピーを取っていただけませんでしょうか?」と言う。

①は、あからさまな命令口調であり、②も、明らかな上から目線です。上司だからとはいえ、あまりにも露骨な、相手を見下した言い方ということができます。これでは、部下は言うことは聞いてくれるかもしれませんが、あまりいい気持ちはしないでしょう。コピーはぞんざいになるかもしれないし、ページが抜けていても教えてくれないかもしれません。場合によってはパワハラとさえ言われかねません。人にはもともと自立心がそなわっているので、強い命令には反発心が生まれます。

でも、④は丁寧すぎて、上下関係さえ消え去ってしまっています。慇懃無礼《いんぎんぶれい》で、かえって嫌だと思われることさえ考えられます。

その点③は、相手を気遣いながら、柔らかい言い方で頼み事をしているので、最も適切な頼み方だと言うことができます。

人は命令(コマンド)に対しては心を閉ざし、時には反発します。同じ内容でも、お願い(デマンド)の形で表現すると、すんなりと受け入れられるものです。ちょっとした気遣いで、人間関係は円滑にいくものと心得てください。

第5章

ひと言で

事態を打開して、自分を助ける心理術

「私に教えてくれないか」のひと言で、部下は本心を語ってくれる

▼「社会的欲求」を満たす

部下の言い訳を聞くのが好きな上司はいません。ミスをしたという結果は歴然としているし、言い訳を聞いたところで結果を覆《くつがえ》すことはできません。部下だって、本当の理由を把握しているかどうかわからないし、苦し紛《まぎ》れに嘘をつくかもしれません。

しかしここで、部下の身になって考えてみましょう。ミスを犯して、その言い訳さえ聞いてもらえなかったら、まるで立場がない。自分の存在が無視されたようで、大いに傷つくでしょう。**人は誰でも〝誰かに認めてもらいたい〟という「社会的欲求」を持っています。言い訳を聞いてあげることも、その欲求を満足させるひとつなのです。**

部下の様子が誠実であれば、どんなにくだらないと思う言い訳にも、耳を傾けてあげましょう。

実は部下は話したがっています。上司のあなたとコミュニケーションをとりたがっているのです。できればある程度の時間をとって、ゆっくり話を聴いてあげましょう。

もし部下がミスをして、落ち着きがなくなっている様子が見えたら、

「どうしてこうなったのか、私に教えてくれないか」

と問いかけます。〝教えてくれないか〟という上司らしくない言葉遣いによって部下の緊張がほぐれ、話をしやすくなる雰囲気が生まれます。

大切なことは、**部下の言うことが不本意であっても最後まで話をさせて、それから自分の意見を述べるようにすること**です。部下が話につまったら、「それから?」というように、話を引き出す姿勢を見せましょう。

難しく考えることはありません。自分がミスしたときに、上司にこうしてほしいということを実行すればいいだけです。

話を聞くうちにあなたの怒りも収まってくるでしょう。部下の人間性も見定めることができます。部下にとっては言い訳を真剣に聞いてくれて、対処方法を一緒に考えてくれる上司として、この先いい人間関係が築けるでしょう。

遅刻の言い訳をするときは、**相手の屈辱感を打ち消す**ひと言を

▼「従属の効果」に気を付ける

団体旅行に行くと、必ず集合時間に遅れる人がいます。トイレ休憩も、食事も、お土産を買うのも、いつも一番最後。

それもいつも決まった人であることが多く、いくら本人から「ごめん、ごめん」と言葉を尽くして謝られても、たび重なると〝またあいつか〟と心底腹が立ってきます。

社会人の最低限のマナーは「挨拶《あいさつ》」と「時間を守ること」だと言われます。しかし、時間を守れない人は職業、年齢を問わず多いもの。

遅刻は、待つ人を怒らせたり、予定が狂ったりして、周りの人に多大な迷惑をかけます。

でも実は、それ以上に心理的な問題が潜んでいるのです。

それは、待たされている人の心の中に、

「私は、彼に軽く見られている」という屈辱《くつじょく》感《かん》を抱かせてしまうことです。

これを「**従属の効果**」と言います。

「従属の効果」とは、自分が相手に従属させられていることから生じる心の動きを指します。

遅刻を例にとれば、自分はイライラしながらも待たざるを得ない、つまり待つことを強制されている、ということが引き起こす「不当に侮蔑《ぶべつ》されているような感覚」「相手より小物の地位に置かれることに対する屈辱感」の心境が問題なのです。

だから、地位の下の人が待たされて

いるときは、従属の効果はそれほど問題にはならないもの。

問題になるのは、会社の上司や取引先など目上の人を待たせる場合や、会社の同僚、あるいは入社年次が同じ仲間など、地位が対等の人を待たせるときです。

「なんで、私が待たされる立場に置かれなきゃいけないんだ!」

という気持ちを抱かせることになってしまうのです。

その気持ちは、会議が始められないとか、ゴルフのスタートに遅れそうだとかいう実際の迷惑の次元に留まらないのです(もちろんそれだって、大変に大きな問題なのですが)。だから待たせた側は、その場に到着したらすぐに、

「遅れてすみません」

と詫《わ》びなければなりません。

仕方がない理由があっても、その場で理由を話そうとするのは逆効果です。

とにかく**「待たせてごめんなさい」と心から謝って、従属の効果によって生じた負の感情を、いち早く打ち消さなくてはなりません。**

このとき、謝り方が丁寧であればあるほど、待たされたほうは、不当に侮《ぶ》

辱《じょく》されたという感覚を消し去ることができるのです。

相手の気持ちが和らげば、その後にあなたの遅刻の理由を聞いてくれるかもしれません。

そのときでも「仕方がなかったんだ。不可抗力だ」という態度は絶対に見せないことです。

待たせたときのお詫びの言葉の巧みさで有名だったのが、平民宰相・原敬《はらたかし》です。原敬は、面会に訪れる多くの人々に対し、面会の順番が最初だった人には、

「あなたとは真っ先に話をしたかった」

と言い、面会の順番が最後になってしまった人には、

「あなたとは、じっくり話したかった」

と、待たせてしまったことを、言葉で巧みにフォローしました。

原敬にこうまで言われれば、長い時間待たされたとしても、その面会者は、さぞ自尊心をくすぐられたことでしょう。

相手の反感を弱めるには、**意見や行動を合わせる**のが効果的

▼「迎合のストラテジー」を活用する

仕事の進め方で、同僚とちょっとした議論になってしまいました。こちらはそれほど気にしなかったのですが、その後、その同僚は根に持っている様子が見てとれます。

こんなとき、関係修復に役立ついい方法があります。

たとえば、その同僚が残業で忙しそうなら、「手伝いましょう」という言い方で気軽に声をかけてみるとか、会議のときに同僚の意見をフォローする発言をしてみる。ちょっとした行動を共にしたり、意見に同調することによって、相手の反感を弱めることができるのです。

「おっ、なかなかいいところがあるな。この前はちょっと言いすぎたかな……」

と、同僚の反感はトーンダウンするでしょう。

相手から好意や高い評価を得るために、相手の意見や行動に自分の意見や行

動を合わせる対人戦略を**「迎合《げいごう》のストラテジー」**と言います。これは反発のエネルギーがストレートに自分に向かわないようにその力を弱め、抑制するためにも有効な方法です。

この「迎合のストラテジー」には、次の4つがあります。

①称賛ストラテジー
②同調ストラテジー
③自己高揚ストラテジー
④贈呈ストラテジー

①の「称賛ストラテジー」というのは、その人の意見や行動をほめること。人はほめられると、ほめてくれた人に対しては反感を抱きにくいものです。

②の「同調ストラテジー」は、相手の意見や行動に同意したり、行動を共にすること。自分に同調してくれたり、同行してくれる人に対しては、人は好感を持ちます。

③の「自己高揚ストラテジー」は、反感を持っている人に対して、自分の魅力をアピールして、「なんて素敵な人だ」と思わせる戦術。重要なプレゼンのときには身だしなみを整えたり、デートのときにおしゃれをすることは、実はこの「自己高揚ストラテジー」を実践しているのです。

④の「贈呈ストラテジー」とは、いわゆる贈り物作戦。人は、自分の好みの物をプレゼントされると弱い。嫌われているなと思う人への贈り物は、反感を好意に変えるためには効果的な方法です。

①の「称賛ストラテジー」と②の「同調ストラテジー」は言葉で表現できることですが、③の「自己高揚ストラテジー」と④の「贈呈ストラテジー」は行動で示すことですから、言葉の補強として活用してください。

転職動機で前の会社の悪口は厳禁！
「自分のやりたいことが変わってきました」と伝える

▼「ネガティブ」な言動の危険性

転職によってキャリアアップを図ったり、職種を変えようとして、志望会社の面接を受ける際、人事担当者から必ず聞かれる質問は、

「なぜ前の会社を辞めたのですか？」

でしょう。

転職には、いろいろ動機があるもの。職場への不満や家庭の事情、転居によって通勤時間が長くなったなど、理由はさまざま。本当なら正直に話すのがいいのですが、

「ひどい会社で、給料は安いのに人使いが荒くて、残業は多いし、休日もろくに取れませんでした」

などと感情的な悪口を言うのは厳禁です。

「前の会社に対してこんな言い方しかできないなら、組織に対するロイヤリテ

イ（忠誠心）は低いな」

と思われるのが関の山です。この手の質問に対しては、**「今までやってきたことと、自分のやりたいことが変ってきました」**というように、何かがしたくて辞めたという、ポジティブな語り口に徹したほうがいいのです。

ただ、優等生的な回答をするより、ある程度本音を正直に話したほうが、魅力的な人材として映る場合もなきにしもあらずです。その場合でも、ひとりよがりの物言いや、前の会社に対する批判に終始することは絶対避けること。

また、新会社に入社したときでも、前の会社の欠点を物笑いの種にしたり、悪口を言ったりするのは禁物。新しい会社がいかにいいかほめているつもりでも、**ネガティブな言動は、結局、言った本人に対する印象を悪くし、反感を買ってしまうだけ**です。実際に、今の会社のほうが職場環境がよかったとしても、前の会社と比較して発言することは控えましょう。

ちなみにこれは人間関係でも同じこと。今の恋人をほめるつもりで昔の恋人をけなすのは絶対ＮＧです。人間性が疑われるだけです。

反感を買わないためには、「検討してみます」といったん保留してから断る

▼「反感を買わない」で断る

人から「この作業を手伝ってくれ」とか「この仕事をやってほしい」と頼まれたとき、それが無理なことなら、遠慮せずはっきり断ったほうが後々のためということはおわかりでしょう。できない約束をして守れなかったときほど、信用を失うことはありません。

ただ、ここでの問題は、どんなふうに伝えれば相手の反感を買わないですむかということ。重要なので、再度、書いておきます。

頭から「ダメです。できません」と断るのでは、「なんだ、よく考えもせずに」と反発されてしまいかねません。

まず最初にするべきことは、相手の話をよく聞くことです。

その上で、判断する姿勢を見せるのが上策です。仕事を頼んだ人に、「いろいろな事情を検討した上で、それでも断ってきたんだな」

と納得してもらえるのがいいのです。

つまり、**断るときの会話の基本は、相手の感情に配慮して、悪く思われないように心がけること**です。

だから、たとえ断る可能性の高い場合でも、いったん
「無理かもしれませんが、検討してみましょう」

という言い方をしたほうがいいのです。そして、そう言ったからには、本当に可能性を再検討してみます。その上で、やはり手伝うことができないなら仕方がありません。丁寧にお断りすればいいのです。

また、ある条件がクリアされれば可能なのであれば、それを伝えましょう。

「3日以内というお話ですが、1週間であれば可能です」

「ここまでは私の専門ですからお役に立てるとは思いますが、その先の作業についいては難しいと思います」

と具体的に述べれば、そこまで検討してくれたことに、相手は好感と信頼感を持ってくれるはずです。

「○○さんならわかっていただけると思いました」と、相手にレッテルを貼る

▼「レッテル効果」を活用する

人は、他人が抱いている自分に対するいいイメージを裏切りたくないという気持ちを持っています。たとえばあなたが職場で同僚の女性から「○○さんって本当に頼りがいがありそう」と言われると、頼みを断りづらいもの。〝頼りがいがある〟という好ましいイメージを壊したくないという心理が働くからです。「やっぱり私の目は正しかったわ、ありがとう」と言ってもらいたいのです。

また、初対面の人に「優しそうな人」と言われると、その人の前では不親切な言動はとれなくなってしまうもの。つまり人間は、他人から貼られるこのようなレッテルに、とても弱いのです。

それならば、この心理を逆手にとって、**仕事相手に、あなたが「こうあってほしい」と思うレッテルを貼ってしまえばいい**のです。そうすればレッテルを貼られた人は、そのレッテル通りの行動をしてくれるようになります。これを

相手から反対意見を言われたら、**「ある意味ではその通り」**のひと言でやんわり反論

▼一見肯定に思える「反論」のテクニック

人は、自分の意見に賛成してくれる人を好きになりやすい。これも先述した「好意の返報性」（53ページ参照）の一種です。

しかし、意見や見解が違うときには、いくら好意には返報性があるからといって、相手の言うことに従うわけにはいきません。また、だからといって真正面から「反対です」「賛成できません」と主張をぶつけると、かえって相手を自説にこだわらせてしまいます。そんな場合には、**相手の言うことを肯定しているように見えて、よく考えるとそうではない便利な表現があります。**

「なるほど、ある意味では、あなたの言う通りですね」というフレーズです。「ある意味では」という表現は、「一定の範囲では賛成できるが、その他の点では反対である」とか、「あなたの論理を採用すれば筋が通っているようだが、別の論理もある」

というニュアンスを含んでいます。

つまり、いったん相手の言うことを受けておいて、実際には反対している表現です。それだけに、どうしても真正面からは反対できない、かといって見過ごすこともできないという場合にだけ使うようにしましょう。

だから、反対は反対でも、少しでも肯定できることがあるなら、

「○○の点は、あなたの言う通りですね」

というフレーズを使ってみてください。そして、対話を重ねて内容を吟味する姿勢を見せた上で、

「でもあの点は、考え直す余地がありそうですね」

と、少しずつ意見を述べていけばいいのです。

あくまでも、反対のときは、

「ある意味では、賛成」

と言い、部分賛成できるときは、

「○○の点は、賛成」

という使い分けをすることを、ぜひ覚えておいてください。

「○○さんよりはずっといい」と言えば、相手はあなたの言いたいことに気が付く

▼「対比の心理」を使う

職場の上司の指示に従えない、このやり方ではうまくいかないと思うことがよくあります。しかし、それを口に出すことはなかなかできないもの。そもそも人間は、自分の言ったことや行ったことを否定されるのは気持ちのいいものではありません。いくらフランクな上司でもそれは同じことです。

そこで、あまり上司の機嫌を損ねずに批判する、うまい方法があります。それは、**「対比の心理」**を使う手法です。

たとえば、

「**これは、私が前に他の人から教わった方法より、ずっといいですね**」

などと言ってみる。すると、そこにたとえ批判のニュアンスを感じ取ったとしても、そういう言い方をしてくれた人に対して、それほど悪い感情は抱かないものです。

職場でなくても、この手法は活用できます。たとえば私的な会合で必ず遅刻してくる人がいたとします。その人にひと言何か言ってやりたいのですが、「どうして、もっと早く来られないんですか！　いつもこうなんだから」とあからさまに言えば角が立つ。相手にも都合があったかもしれないし、頭ごなしにとがめられれば誰でも不愉快に思います。その結果、それがもとでその人と疎遠《そえん》になる可能性も大いに考えられます。そんな場面では、

「この間、友達とカフェで待ち合わせをしたとき、1時間たっても来ないからもう帰ろうと思ってレジでお金を払っていたら、やっと来たんです。それと比べれば、なんてことないですよ」

と言えば少しは気が晴れます。その人は、チクリと言われたことで、〝今後は気を付けよう〟と多少は感じてくれるでしょう。

ただし、**引き合いに出すのは、相手の知らない人か、そういう話に持ち出しても問題のない気の置けない人にすることが肝心。**そうしないと、新しい問題を抱えてしまうことになってしまいます。

「自分のミスです」と本人が姿を見せて謝罪するのが、相手の怒りをしずめる最上策

▼「当事者」が顔を見せることの心理効果

自分のミスで、取引先がカンカンに怒っている。このままでは、自分の会社に損害が出てしまうかもしれない……。こんな場面では、上司に謝りに行ってもらい、あなた自身は相手の怒りがおさまるのをジッと待つのがよいのでしょうか、それともあなた自身が直接相手に会って謝罪するべきなのでしょうか。

その答えは、心理学者のターナーが行った調査と考察から導き出されます。

ターナーは、車のクラクションを鳴らすという行動について調査しました。交差点で信号待ちの車が信号が青に変わったことに気づかないとき、後ろの車の運転手がクラクションを鳴らす。「何をしているんだ！」という気持ちが込められたクラクションを鳴らす行為は、攻撃的欲求の表れと見なされています。

ターナーの調査によると、後ろの車の運転手がクラクションを鳴らす確率が高いのは、前の車の運転手の姿が見えないときでした。相手が見えないという

ことは、相手にもこちらの姿が見えないということです。**自分の姿が相手から隠れているときに、人は最も相手に対して攻撃的である**ことが、この調査からわかります。

つまり、取引先の人が怒っているのは、ミスの内容や程度だけでなく、ミスをした当事者であるあなたの姿が見えないからだと考えられます。

だからあなたは、いさぎよく取引先に赴《おもむ》いて、「ミスをしたのは私です。申し訳ありませんでした」と、謝罪するのが最上策。その上で、必要なら上司にも足を運んでもらうなどの対応策を検討すればいいでしょう。

想定外の質問で困ったときは、**別の角度からの返事**で切り返す！

▼「ユーモア」の効用

ある新聞に「アメリカにおける日本人の評判」についての記事が載ったことがあります。それによると、

「日本人のスピーチがあるなら胃薬を持っていけ」

というジョークがアメリカ人の間ではやったそうです。その心は、

「食べたものが消化されない」

日本人のスピーチは面白くないから、我慢して聞くには胃の薬がいるという意味です。

ジョークやユーモアは、人の心を和ませます。会議で議論がオーバーヒートして険悪《けんあく》なムードになったときや、予想外の質問につまってしまったときなど、気持ちをリフレッシュするにはユーモアが一番です。

ユーモアのある会話をするためには、物事をいろいろな角度から見るということ

とを習慣づけるといいでしょう。

「へー、それは気づかなかった」「そんな見方があったのか」

と聞いている人に思わせれば、大成功です。

また、私たちは普段読む本やつき合う人たちが、年をとるに従って固定化しがちです。自分の視野を広くして、いろいろな情報と接する機会を増やすと、おのずと面白い話題に触れることになります。ユーモアのある会話をするには、自分の引き出しを増やしておくことが必要なのです。

経済学者のケインズが、学者として売り出して間もなくのころ、記者団から、

「われわれは将来、どうなるのでしょう」

と質問されました。経済予測についての質問だったのに、ケインズは、

「将来的に見れば、……われわれはみんな死んでいる」

と答えました。専門分野について尋ねられたのに、それに別の角度から返事をしたわけです。とっさのこの返答はバカ受けしたそうです。

ただ笑いをとるだけでなく「うん、なるほど面白い」と思わせる話ができるようになったら、あなたの会話力は国際社会で通用するかもしれません。

「答えになっていないかもしれませんが」と不得意な質問には前置きして答える

▼「バズテクニック」の利用

会議やプレゼンの場などで、予期せぬ質問を受けることはよくあります。それについて専門外だったりすると慌てます。そんなときには、

「それについてはわかりません。考えていませんでした」

と率直に認めてしまいましょう。無知や不勉強をさらけ出すようですが、それでもうろたえて支離滅裂な返答をするよりよほどいい。率直にこう答えることで、質問者に対して意外な心理効果が発揮されるのです。

「なんだ、知らないのか。私のほうが優秀だな」

などと、相手は優越感も持てるし、ホッとしもするのです。

そして「わかりません」と答えたあとが肝心。

「答えになっていないかもしれませんが」

と前置きして、自分の知っている範囲で話をしましょう。質問の内容に対し

て正確に対応してなくても構いません。あらかじめそう断ったのですから。多少ピントがずれていたとしても、自分の知っていることを詳しく明確に話したほうが、相手も納得することが多いのです。

さらに、逆に相手に質問して、詳しく話してもらう方法もあります。

「○○というご質問でしたが、その事例について、具体的に教えていただけないでしょうか?」

「その他にこういう点も心配されるかもしれませんが、その点のお考えを伺えれば、ぜひ参考にさせていただきたいと思います」

などと、**矢継ぎ早にいくつかの質問をすれば、相手は得意分野の質問には喜んで答えてくれます。そしていつの間にか、一緒に問題点について考えることになる**のです。

このように質問を浴びせ続けるテクニックを「**バズテクニック**」と言います。

バズとはハチの羽音を意味します。ブンブンとうるさいように**質問することで、それに触発されたり、混乱したりした相手は、結果として一緒に問題解決に当たるという共同作業をしてくれる**ことになるのです。

「申し訳ありません」と相手の立場を認めて、まずは怒りをしずめる

▼「悪印象」のインパクトをやわらげる

「一事が万事」という言葉があります。

たとえば、商店やレストランで、店員の態度が悪かった場合、客の側は、「この店はスタッフの教育がなっていない」

「近頃の若い店員は、客を客とも思っていない」

と思うでしょう。たまたまアルバイトが接客していたとしても、それは店の側の事情。客には通用しません。客にとっては、自分に応対した店員が、その店の印象を作ります。

ここでの問題は、そうした見方がいったん刷り込まれると、あとでどんなに、それを打ち消すような情報が与えられても、最初の印象が払拭できないということです。しかも、よい印象は比較的消えやすいのですが、悪い印象はインパクトが強く、消えにくいので始末が悪いのです。

不祥事を起こした企業や組織にとっても、事情はまったく同じです。

「不祥事は個人的問題で、会社全体は健全だ」

などと主張しても、世間は受け入れてくれるものではありません。

クレームを持ち込まれたときも同じ。最も相手に好感を持たれる姿勢は、突っ張らないことです。どちらが正しいかわからない問題は別として、

「こちらの落ち度で、お客様にはご迷惑をおかけしました。誠に至らないことで申し訳ありません」

というように、**相手が正しいことを認める態度で接すると、相手の感情を和らげることができます。**

「100パーセント悪いとは言い切れない」「社のメンツに関わる」「あとで損害賠償問題が生じたとき、大変なことになる」と、いろいろ考えて謝罪を渋る場合がありますが、基本は客への誠実さ。どのくらいの責任をかぶるのかなどの問題は、のちの交渉にゆだねればいいのです。

こうして、話し合いを重ねていけば、相手もそのうち譲歩の姿勢を示してくるようになるものです。

話に行き詰まったときは、「ちょっとお手洗いに……」とひと息入れる

▼「タイム」でひと息入れる効果

会話は続いているのに思った方向に進まないとか、会話自体が弾まなくて、気まずい思いをする……などということはよくあります。懸命に事態を打開する言葉を考えても、空振りばかり。

こんなときは思い切って、

「ちょっとトイレに行かせてください」

「参考資料を取ってきますので、お待ちいただけますか？」

「コーヒーを入れ替えましょう」

などと中座《ちゅうざ》することが最適です。つまり〝タイム〟をとる。**その場を離れることで気持ちがリフレッシュできます。解決策が見つからなくても、気分がすっきりした分だけ、次のシーンで相手に気持ちよく対峙できます。**

こういう場合は、先方も会話が弾まないことに気が付いているもの。あなた

が席をはずしてくれたおかげで、相手もひと息入れて気持ちを切り替えることができます。

適当な理由をつけて**中座するというのは、話が対立したり、感情的になりすぎたときの冷却装置としてきわめて有効です。**

でも〝タイム〟が長い試合や、何度も〝タイム〟をとる試合が面白くないのと同じで、一歩間違うと話の流れが途切れてしまい、相手に話をする興味を失わせてしまうので、くれぐれもタイミングを見計らって使うようにしてください。

「わからない」と素直に聞けば、知識も得られるし人間関係もよくなる

▼「接近行動」を利用する

何かを聞かれたとき、正直に「わかりません」と答えるのは、なかなか難しいものです。人間には自尊心があります。知らないことは恥ずかしいと感じるし、「何だ、そんなこともわからないのか」と馬鹿にされるのはもっと嫌です。

でもソクラテスの有名な言葉「無知の知」のように、**知らないということを自覚することこそ、理解への第一歩**です。恥ずかしがらずに、

「わかりません」「知りません」

と言うほうが、変に知ったかぶりをするよりずっといいのです。

「わかりません。ぜひ教えてください」

と言えば、たいてい人は、

「それならば私が教えてあげよう」

と親切に教える気になるもの。知識を持っている人は、それを他人に教えた

くてウズウズしているものです。相手が未熟であれば、「サポート役を買って出よう」という意識も強まります。

このときが、教えられる者と教える者との間に、友好的な人間関係が生まれるチャンスなのです。

しかも、知識を教えるために人と話すということは、「**接近行動**」と言われるもののひとつで、人と人の距離を縮めるこういう行動を取っていくと、その対象にだんだん好意を抱いていくものです。

ただしこの「わかりません」は、あくまでも「不勉強ですみません」という態度に裏打ちされた「わかりません」でなければいけません。少しでも「知らなくても当然」という気持ちが見えたら、せっかく教えてもらえるものも教えてもらえなくなります。若い人にありがちな「昔のことだから、知らなくてもあたりまえ」という姿勢も、年長者の共感は得られません。

あくまでも真摯《しんし》に「知らなくてはいけないのに、何も知らないので、恐れ入ります」という気持ちを持った上での「わかりません。ぜひ教えてください」でなくてはならないのです。

「自分は強い人間だ」と言い続ければ、本当に強くなる！

▼「パブリック・コミットメント」を活用する

自分自身をどういう人間と思っているかという自己評価を、心理学では「**自己概念**」と言います。そして人は、その自己概念のイメージ通りに行動しようとする傾向があるのです。

だから「自分は弱い人間だ」というネガティブな自己概念を抱いている人は、行動もネガティブになりやすい。逆にポジティブな自己概念を持っている人の場合は、行動もポジティブになります。「私はこの仕事をこなす能力がとても優れている」と**自分自身に肯定的なイメージを抱き始めると、行動もそれにともなって積極的なものに変化していく**ものです。

その逆に、「私はだめな人間だ……」という否定的なイメージを抱き続けると、その人の本来の能力とは関わりなく、行動や考え方の一つひとつが萎縮《いしゅく》してしまう可能性が高いのです。

あるビジネススクールで、最上級生を対象に自尊感情の高さ、つまり自分に対して自信があるかないかということと実際の就職状況との関係を調べました。すると、自信のない学生のほうが就職試験の合格率が低かったのです。

これにはいろいろな理由が考えられます。自信のない学生は、あまり就職活動に熱心でなく、そのため情報不足をきたしたこと。また、自信のなさが態度に表れ、面接試験であまりいい印象を面接官に与えられなかったこと、等々です。

だから、自分について強い自信を持ち、ポジティブな自己評価を下していくことが肝心です。

ところで、そのポジティブな自己評価を、どうやって獲得したらいいのでしょうか？

その方法のひとつが「**パブリック・コミットメント**」です。パブリック・コミットメントとは、他の誰かに自分の気持ちを表明すること。それによって人間は、その宣言を守らなければならないという心理状態に追い込まれます。

たとえば禁煙しようとする人が、職場の仲間や家族に、

「タバコはもうやめた！」と（聞かれもしないのに）言って歩くこと。実際、こうして禁煙に成功した例は数多くあります。これも、典型的なパブリック・コミットメントの効用を利用したものの一例と言うことができます。

つまり、**自分にも言い聞かせ、そして他人に宣言すれば、そのような人間にならざるを得なくなります。**仕事でノルマを達成したければ、そのように表明すること。どんな言葉で自分を励ましていくかが、よりよく生きるための方法になるのです。

自分に対する言い訳は、プライドを守ろうとする心理

▼「自己ハンディキャッピング」を活用する

言い訳という言葉には、あまりプラスイメージはありません。しかし、視点を変えてみれば、**言い訳をうまく言えるかどうかは、実はその人の精神的な成熟度と関わっている**と言えるのです。

たとえば、小さな子どもはあまり言い訳をしません。本当は、しないのではなくできないのです。というのは、まだ頭の中に論理的な思考回路が整備されていないために、言い訳という、ある意味で高度な論理操作ができないのです。

大人になって精神的に成熟すれば、自分の希望や要求が満たされなかったときや、失敗してしまったときに、自らの行動を正当化する論理操作がだんだんできるようになってきます。

さらに、年齢を重ね、人生経験を積むに従って、言い訳のバリエーションを多く持つようになります。それには学習によって会得したものや、自分で編み

出したものもある。つまり、言い訳を上手に言えるようになることは、人生に熟練してきた証拠と言うことができるのです。

言い訳の一種に**「自己ハンディキャッピング」**と呼ばれるものがあります。

たとえば学校の運動会で、徒競走でビリになってしまったような場合、

「足が痛かったから、今回はうまく走れなかった」

と言いふらしたり、テストで悪い点数しかとれそうにないときに、

「風邪のせいで体調が悪くて」

と予防線を張っておくことは、皆さんもしたことがあるのではありませんか？

このように自分をハンディキャップのある状態にしておくという意味で、自己ハンディキャッピングと呼んでいるのです。

自己ハンディキャッピングをしてしまうのは、自分のプライドが傷つかないようにするため。だから自尊心の強い人ほど、自己ハンディキャッピングをすることが多いのです。合理化して、精神的な安定を目指しているわけですから、一概に悪いこととは言えません。

「誰でも、こんな状況に置かれれば、失敗しますよね」

という同意を求める言い方も、自己ハンディキャッピングのひとつです。

仕事で成功したときは、自分自身の力だと考え、失敗したときは「上司の指示の仕方が悪かったからだ」などと責任を他人に転嫁《てんか》してしまうのも、自己ハンディキャッピングと言えます。

このように並べてみれば、自己ハンディキャッピングは、誰にでもありそうな心理と言うことができます。身勝手な論理操作とも言えますが、そういう論理操作がないと、とても生きていけないというのが、現代社会というのも真実なのです。

「○○さんなら、そんなことはやらなかった」と切り返して、悪い誘惑を断ち切る

▼行動の「正当化・合理化」への対処法

たった数万円や数十万円の供応を受けたために、収賄《しゅうわい》容疑で警察に逮捕され、人生を棒に振ってしまったという公務員や政治家が、しばしば新聞紙上をにぎわせています。

冷静になって考えれば、そうした供応に応えることは、非常に危険で、もらった金額以上の罰や社会的制裁を受ける可能性があることはわかりそうなものなのに、なぜ、そうした犯罪行為に手を染めてしまうのでしょうか。

結局、これは「みんながそうしているから」とか、「他の人もやっているから、自分がやっても大丈夫」という心理から来るものでしょう。

人は、後ろめたい行動を取ったとき、無意識にその行動を正当化するような動機づけや言い訳（合理化）を行うもの。そうすることで、後ろめたさを解消しようとしているのです。

強いものや権威のあるものがしていることなら、自分もやろうという気持ちになるのが人間というもの。人間とは、つくづく悲しい存在です。犯罪までいかなくても、組織や会社での悪しき習慣に染まってしまうというケースも、多々あります。

そこで、もし自分は積極的にやりたくはないが、自分だけやらないと角が立つ、突っぱねるだけの勇気がないというときは、どうやって切り抜けたらいいでしょうか？

こういうときは、相手が生きている世界、信じている特定の価値体系、つまり会社なら会社の中で、かつてそのような悪習慣や刑事罰の対象になるようなことと無縁だった人を例に出して、

「〇〇さんなら、そんなことはやらなかった」

と反論するのがいいでしょう。

これだったら、**主張に正当性と強い説得力が生まれるし、反感を和らげることができます。**気の弱い方は、ぜひ覚えておいて、いざというときには役立ててください。

「わざとではないんです」と知らせて、相手の怒りをおさめる

▼「ドッチの実験」を応用する

人に迷惑をかけてしまったとき、私たちは謝罪し、その理由を述べて相手にわかってもらおうとします。このとき、謝罪してわけを話す前に、

「わざとじゃなかったんです」

ということを知らせると、相手の不快感を和らげるのに効果があります。

このことは、心理学者のK・A・ドッチの実験で証明されています。

子どもたちにジグソーパズルをしてもらいます。そしてもう少しで完成というところで部屋から出てもらいます。そのあとに、別の子どもたちが部屋に入ってきて、その完成間近のパズルをメチャクチャに崩してしまうのです。

そして、その理由について、ある子どもには、「(他の子が) パズルを手伝おうとしていて間違って壊してしまった」と説明し、別の子どもには「(他の子が) わざと壊した」と説明します。

すると「わざと」だと聞かされた子どもは、そうでなかった子どもに比べ不満がなかなか収まらず、その後の行動も攻撃的になりました。同じパズルを壊された場合でも、それが「わざと」かどうかで子どもの行動に明らかな差が出たのです。

この実験からもわかるように、**人はこうむった被害そのものよりも、それが故意であるのかどうかによって、相手に対する感情や行動も変わってくる**のです。

相手に迷惑をかけてしまったときは、

「わざとではないんです。実はこういう事情で」

「悪意があってしたことではないのですが、こういうことになって申し訳ありません」

「そういうつもりではなかったのですが、結果としてご迷惑をかけることになってしまいました」

と、まずは**自分が故意に相手に被害を与えたのではないということを言葉で表してから、誠実に謝罪することが肝心**です。

自分を大きく見せる言い方で、抜け目なく自己アピールする

▼「ハロー効果」を利用する

ある若手の企業経営者が、大事な会合に遅刻してしまったというピンチを、巧みに自分の力のアピールの場に転換したエピソードがあります。

その経営者が、軽井沢で開かれた財界人の会合に遅刻したとき、

「ちょっと総理と会っていたので、遅れました」

と言って、少しも悪びれることなく席に着きました。

この場合、遅刻の言い訳をしながらも、総理の名前を出して、昵懇《じっこん》の仲であることをアピールし、抜け目なく自己宣伝をしているのです。

言われた側の人たちとしても、「総理と会っていたのなら遅刻もやむをえない」と思ったでしょうし、「さすが、政界とのパイプのある大物だ」というようなポジティブな印象をさえ持ったことも、十二分に考えられます。

この場合、「総理」が、**「ハロー効果」**となったわけです。ハロー効果とは、

日本語では、後光効果とか光背効果と言い、**ある人物の一部分の印象や評価が、その人の全体の評価になること**を意味します。目立った特徴が後光となって、実際よりも良く（あるいは悪く）見られることから、この名がつきました。

後光となるものは、たとえば、その人の肩書き、学歴、職歴、人脈、身体的な特徴、服装、特技など、多くのものがあります。口数が少なく、いつも笑顔を絶やさない人は穏やかに見えるし、身なりに無頓着な学者だと、かえって優秀な感じがするというのもハロー効果のひとつです。

ハロー効果を活かした言い方は、誰にでも応用が可能です。たとえば、「役員に呼ばれているので、その日は行けません」「取引先の部長に引きとめられてしまって、遅れてしまいました」など、言い訳しつつも自分は重要な人物とのつながりが強いと、自己アピールする。その場にふさわしい後光となる事柄を選べれば最高です。

ただし、この方法をしょっちゅう使うと嫌味に思われたり、「そうは言うけど本当かね」と信じてもらえなくなったりもするので、時と頻度にはご注意を。

笑顔で励ましの言葉を口にすると、本当に気分を立て直すことができる

▼「表情」から気持ちを作る

自分を癒《いや》し、元気づけるには、〝元気なふりをしてみるという方法〟が、何人もの心理学者から提唱されています。

たとえば、アメリカの心理学者ウィリアム・ジェイムズは、「快活さを失ったときに、それを取り戻す最善の方法は、いかにも快活そうに振る舞い、快活そうにしゃべることだ」と言っています。つまり、自分に「ファイト」とひと声呼びかけることで、落ち込んだ気分から脱出できるというのです。

なるほど、体育会系のトレーニングなどでは、一団となって「ファイト、ファイト」と声を出しながらランニングしています。走っているだけでつらいはずなのに、その上大声まで出せば、さらに疲れるだけだろうと思いがちですが、あれは心理的な効果があるのでしょう。

皆さんは、〝人は泣きたいときに泣き顔になり、楽しいときに楽しそうな顔

になる〟と思っているでしょう。でも逆に、**泣き顔をしているから泣きたくなり、楽しそうな顔をしているから楽しくなる、という作用があるのです。**

これを実証した有名な研究が、レアードという心理学者が行った実験です。レアードは顔中の筋肉に電極をセットして、笑顔や怒りの表情を筋肉の制御によって作り出しました。そして、大学生を被験者に、さまざまな感情の表情を人為的に作り出し、その上でいくつかの絵を見せました。

その結果、電極を制御して筋肉に笑いの表情を作っているときは、その絵を見て面白いと感じ、怒りの表情を作っているときは、同じ絵を見ても怒りの感情がわき出ることが確かめられたのです。だから、たとえば泣きたいときでも、**無理矢理にでも笑顔を作ってみると、だんだん泣きたい気持ちが薄れ、楽しい気持ちになってくるのです。**

また、心と体の関係について調べた有名な話に「**トムの胃**」があります。アイルランド出身の、トムというニューヨーク市民の話です。彼は9歳のときに誤って熱いクリームチャウダーを飲み、食道が火傷《やけど》でひどく損傷してしまいました。そのため、腹壁の開口部から胃の一部を常に外部に出し、そこから直接食べ物を摂取するという大変な状態になりました。

ある心理学者が、このトムの胃に興味を持ち、感情の変化がどのように胃に影響を与えるかを調べました。

すると、トムが怒って顔が赤くなると同時に、胃も赤くなることがわかりました。恐怖を感じて顔色が真っ白になると、胃も蒼白《そうはく》になったといいます。この観察もひとつの材料となって、心と体の連動が理論化されました。

落ち込んだとき、悲しい気持ちになったときは、ともかく、笑顔を作って、自分を励ます言葉を口にすれば、本当に気分を立て直すことができるのです。

恐怖心をあおる説得効果は、**一時的なもので長続きしない**

▼「逆効果の法則」に注意する

人にあることを止めさせたい場合、恐怖心に訴えるという説得方法がしばしば用いられます。

たとえば「タバコを吸わないようにしよう」という禁煙キャンペーンをする際に、肺がんでおかされた肺や、ニコチンで汚れた肺の写真を見せて、タバコの恐さを訴えるような手法がそれにあたります。

あるいは交通事故の防止キャンペーンでも、事故の悲惨な現場写真を提示することでショックを与えようとします。警察の運転免許試験場でもしばしば目にする衝撃的な写真です。

でも実際は、こういった人の恐怖感をあおるようなキャンペーンは、期待するような効果を上げてないのが本当のところです。

これは「**逆効果の法則**」といって、ある行為の結果がひどいものになると恐れれば恐れるほど、ますますその行為を継続したくなるという心理が、人間には備わっているからです。

しかもこうした**恐怖心による支配は決して長続きせず、「喉元過ぎれば熱さを忘れる」のたとえ通り、一時的な抑止効果しかない**ことがわかっています。良い効果をもたらす刺激に対する反応は繰り返されやすいのですが、良い効果をもたらさない刺激に対する反応は、やがて繰り返されなくなり減少していくのです。

また、恐怖心をあおる説得では、どうしたら不安を払拭できるのかという改善策までは産み出すことができません。

このことを確かめたのは、アメリカのジャニスとフェシュバックという心理学者です。

ある高校で新入生をA、B、Cの3グループに分け、それぞれに虫歯予防についてのスライドを見せました。このとき、

・Aグループには、歯を不衛生にしておくと、虫歯や歯槽膿漏《しそうのうろう》などの恐ろしい

病気になることを強調し、感情的な不安をかき立てました。
・Bグループに対しては、穏やかな調子で、いろいろなエピソードを交えながら、歯の病気の危険性について話をしました。
・Cグループに対しては、歯の衛生上の具体的な忠告をするだけで、不衛生だとこんな病気になるといったことには一切触れませんでした。
この結果、歯の病気に対する不安度を強く感じたのは、予想どおりAグループで42パーセントと一番高い結果が出ました。ついで穏やかに歯の病気の危険性を説いたBグループが26パーセント。一番不安を感じる割合が少なかったのが、Cグループで24パーセントという結果になりました。

ところが、その後、実際に歯医者に行って治療するなどの何らかの対策をとった人数を調べたところ逆の結果になったのです。なんとCグループが36パーセントと一番多く、次いでBグループが22パーセント、不安を感じた人が一番多かったAグループでは、たったの8パーセントの人しか歯医者に行くなどの実際の行動をとらなかったのです。

ここで、具体的にどうすれば歯の衛生を守れるかという忠告を受けたのがC

グループだけだったことを思い出してください。Aグループや Bグループなどの人が感じていた不安や恐怖の効果は、あくまでも一時的なものに過ぎなかったのです。

単に恐怖心をあおるだけでは、人間の行動に変化を起こすことはできないことがわかりました。ショックを感じた後に、どのように行動すれば、そうした不快な状況から逃れることができるのか、その具体的な指針を示すことが大切なのです。

「いまこれをしておかないと、こんな結果になりますよ」

と述べたあとに、

「だから、こうしましょう」

と付け加えることこそが重要なのです。

みなさんも事態を打開したいと思ったら、**相手に恐怖を与えるなどの安易な方法に頼らず、その後の具体的な方針や改善策を伝える**ことを心がけてください。

第6章

ひと言で

さりげなく「ノー」と伝える心理術

断りにくい誘いには、**「考えさせてください」**と答える

▼「ワンクッション」の効用

面と向かって「ノー」と言いにくい雰囲気のときというのがあるものです。

たとえば、本当は気の進まない旅行に誘われたのだけど、つい話の流れで、

「うわあ、僕も行きたいなあ」

と言ってしまったようなときがそうです。今さら「ノー」とは言えないし、断る理由も思いつかない。そんな場合は、

「スケジュールを調整してみるから、ちょっと返事を待ってくれる？」

と言って、しばらく時間を置いてから断りの返事をすると、相手の気持ちを傷つけずにすむというものです。

断るつもりでも相手を納得させる理由が思いつかないときは、次のフレーズがオールマイティに使えます。

「考えさせてください」

こうして、**ワンクッション置いて即答を避けることで、人間関係を損なわずにすむことが多い**のです。

このフレーズには、返事をするまでの間に、相手が「これは断られるかもしれない」という予感を抱き始めるという効果があります。これが相手の心の準備になり、結果としてあなたが断りやすくなるのです。

ここで気を付けなければいけないのは、断るまでの時間をあまり長くしないことです。相手から、

「この間の話、当然ＯＫだよね」

と返事を催促されると、また「ノー」と言いにくくなります。

相手をあまり待たせずに、

「ごめん。都合が悪くなった」

と、こちらから連絡することがポイントです。そのときは、断りの理由を並べる必要はありません。それを言うくらいなら、

「今回は無理だったけど、また誘ってね」

とフォローするほうが、人間関係を傷つけずに事態を収束できるものです。

あまり賛同したくない相手には、「私の立場としては……」と応対する

▼「立場言葉」の利用

フォーマルな会議やパーティー、公的な場などで使うべき言葉を**「立場（役割）言葉」**と言います。人にはそれぞれ、各自の立場や役割に応じた言葉遣いというものがあるものです。

役職にある人が平社員のようなへり下った物言いをするのも不自然だし、平社員がまるで社長のように話すのも、もっての外です。

男性の場合なら「僕」はプライベートな場で使うべきだし、「私」は職場にいるときの役割言葉として使うものです。

この**立場や場所による言葉遣いの違いを利用すれば、「ノー」の意思をうまく伝えることができます。**

たとえば、酒の席などのプライベートな場で、職場の不満を訴えてきた相手に対して、自分がその人の不満に同調できないときは、

「私は……」

という立場言葉を少しも崩さずに応対するか、

「私の立場としては……」

と、立場を越えた発言はできないという態度を続けましょう。

そのうち相手は、

「ちっとも個人的な意見を言ってくれないな」

と感じ始め、やがて「そうか、自分の意見に賛成していないのだな」と気が付くでしょう。

これで、婉曲的《えんきょくてき》に「ノー」の意思が伝わったことになるのです。

断る理由が説明しにくいときは、「やりくりがつきません」を繰り返す

▼「あえて説明しない」手法を用いる

相手の申し出や依頼に応える気持ちになれず、かといってストレートに「ノー」と言えないときがあります。

こういうときは、

「申し訳ありませんが、やりくりがつきません」

「残念ですが、どうしても都合がつきません」

などと答えるのがベスト。決して細かい理由を挙げない答え方をするほうがなにかと効果的で便利です。

「どうしてできないんですか？」

「どうしてダメなんですか？」

などと問われたときでも、詳しい説明や言い訳はせずに、このフレーズを繰り返すことにとどめるのが秘訣です。

もちろん、誰もが納得しやすい理由があって、その理由をきちんと説明できればそれに越したことはありません。でも、明確な理由がないとか、ただ気が進まないだけということも多々あるもの。そんなときは、

「面倒だからやりたくないんです」

などと、思ったことを正直に口に出すのは愚の骨頂。相手に嫌な気分を与えるだけで、得することは何ひとつありません。

思いついた口実を並べても、結局嘘の上塗りになるだけです。さらに、つじつまが合うように嘘をつき通すのには大変なエネルギーがいるものです。説明不能な事態を招いてシッチャカメッチャカになった経験は、どなたもお持ちのことでしょう。

そんなときは、**〝本当はお役に立ちたいのだけれど、仕方なくお断りします〟という**ニュアンスを込めて「申し訳ありませんが」とか「残念ですが」という言葉で、相手に伝えること**です。

そうすれば相手は、それなりの理由があるのだろうと、勝手に納得してくれるものです。

「ご用件は何でしょう？」と聞けば、長いセールスの電話も撃退できる

▼「会話の主導権」を握る

最近はだいぶ減ったとはいうものの、自宅や会社にかかってくるセールス電話は、迷惑なものの代表です。これに対してキチンと「ノー」と言うにはどうしたらよいでしょうか。

長々と続くセールスマンのおしゃべりをさえぎって、

「そんなものはいりません」

と、ブツッと電話を切ったら、その直後に再び相手から電話がかかってきて、

「そんな失礼な電話の応対はないでしょう！」

と大変な勢いでまくしたてられ、面倒な事態を収拾するため、しぶしぶ「イエス」の返事をしてしまったなんていうケースもあるようです。

そこで撃退のコツをご伝授しましょう。まずは、**長話に引きずり込まれないことが大切**です。相手は、内容はどうであれ話をしてもらえればしめたもの、

長話に引き込めばそれで商談の半分は成功、ぐらいに考えているのです。また、セールスに至らなくても、会話が成立したり、情報を聞き出したことが成績として評価されるという場合だってあるのです。

会話が長くなりそうなときに、話の流れを中断させ、早めに終わらせるために効果的なのは、

「結局、何をおっしゃりたいんですか？」

あるいは、

「ご用件は何でしょう？」

と、単刀直入に質問をすることです。

すると**言われたほうは、話の腰を折られた格好になる上に、セールストークの段取りが台無しになる**のです。

その上、「○○すれば電話料金が今より安くなります」などという結論を言うと、そのとたんに「ノー」という返事が返ってくることが容易に想像でき、つい口ごもってしまいがちになります。これで会話の主導権はこちら側に移り、堂々と「ノー」と言えることになるのです。

また、相手の話に一切返事をしないという断りの方法も有効です。「はい」でも「あの」でも、相手の反応があるうちは電話を切られる心配がないので、セールスマンはいくらでも話を続けます。でも客が返事をしてくれないと、話を次の展開に持っていけなくなります。

沈黙を押し通す勇気がないなら、

「やはり興味がわきません」

「まったく関心が持てません」

といった返事を繰り返し答えればいい。そう言われると、セールスマンとしても、引き下がらざるを得なくなるでしょう。

「お話の途中で大変失礼とは思いますが、これ以上聞いても仕方がないので切らせていただきます」

くらいに丁寧に答えて電話を切れば、折り返し怒ったような電話がかかってくることもありません。なぜなら、怒ったふりの電話も、セールスマンのテクニックのひとつなのですから。

「とにかく」「ですから……」「お話し中失礼ですが」と、会話の中に挟んで長い話を切り上げる

▼「中断言葉」の活用

話を長引かせたくないと思ったら、「とにかく」や「だから」という中断言葉を入れるのが効果的です。

たとえば、相手が同じことをくどくどと話し始め、それがさらに長くなりそうなときは、

「とにかく、今日は時間もないことだし、いずれゆっくり聞くとして」

と言えば、相手はそれ以上何も言いにくくなるでしょう。

「とにかく」という言葉には、相手の思考や話のペースを停止させるという心理的効果があるのです。

また、「ですから」「だから」も、相手の言うことに、やんわりと拒否の姿勢を示す言葉です。質問に対して、答えをいきなり、

「ですから……」

と話し始めれば、すでにもう答えていることを繰り返すというニュアンスになり、否定的な言葉を使っていなくとも、やんわりと拒否することができます。

また、この**「ですから」や「だから」は、語調によっては多少のイライラ感をにじませることも可能**です。

ちなみに、話をさえぎる相槌としては、

「えっ、何ですって？」

「もう一度言ってみてください」

「お話し中失礼ですが」

などがあり、話を転換する相槌としては、

「それはそうと」

「それで思い出しましたが」

「話は別ですけれども」

などがあります。

作曲家のロッシーニも、同じ作曲家のワグナー相手にこの手を使いました。

ワグナーは、相手のことは構わず、自分の説を延々としゃべりまくるという

癖の持ち主でした。ワグナーが家に来たときロッシーニは、「ちょっと待って、鍋の火を見てくるから」といった調子で、5分おきに中座しました。さすがのワグナーもしらけて、そそくさと退散したそうです。

ワグナーの長話につき合い切れないロッシーニは、こうしてうまく難敵をはぐらかしたのです。

家でなら「鍋をかけっぱなしにしているから」というフレーズは、電話セールスの対応策として、現在でも十分通用します。

この「中断言葉」、有効に使ってみてください。

「おっしゃることはわかりました。しかし……」と、話を十分聞いたことを知らせてから反論する

▼相手の感情を害さずに反論する

相手の意見に賛同できなくても、相手が目上の人の場合は、なんとなく「ノー」とは言いにくいもの。言えば、「生意気な奴」と思われて、それ以降の人間関係にヒビが入るのではないかと悩んでしまいます。

しかし時には、あえて相手に反論することも必要です。それが理路整然としていて失礼のない態度であれば、相手もそれを認め、反論の仕方次第では、あなたに好感を持つようになることも考えられます。

意見が違うとき、無理なことを言われたときは、こう言いましょう。

「おっしゃることは十分わかりました。しかし、私はこのように思います」

相手の話を十分聞いたことをわからせて、それから自分の考えを述べることです。

そして、それを相手がどう受け止めるかも十分に聞かなければなりません。

それらが気持ちよく行われれば、相手の感情を害することはなく、逆にきちん

とした考えを持っている人間だと評価される結果になります。

よく、ドラマなどで、

「部長、お言葉ですが」

と強引に話に割って入る場面がありますが、これは避けたほうが賢明。**相手が話し終わるまで待ってから、自分の考えをまとめて話すことが大切です。**

また、それをひとつのテクニックとして使う方法もあります。

たとえば、上司から3日以内に仕事を仕上げることを命じられたときなど、

「すみません。その日数では今の仕事の流れからいって、かなりハードです。しかし、なんとかやってみましょう」

と、無理かもしれないことを伝えてから承諾することが重要です。上司は、いつものようにすぐに承諾してくれないので、何か不都合でもあったのかと思い始めます。でも、仕事を期日に間に合わせると、「彼は困難を押して、仕事をやってくれる人間だ」と判断してくれるでしょう。

ただこれは、そういつも使える手ではありません。ここ一番のときの隠し球としてとっておいてください。

店員のすすめを断るには、**「今日は見るだけ」**と余計な情報を与えない

▼「不満は情報」と心得る

デパートでちょっと目についたセーターを手に取ったら、さっと店員が近寄ってきました。

「素敵でしょう。イタリア製ですよ」

「でも、色がね。私、こんな派手な色、あまり着ないの」

「それなら、こちらの色はいかがですか」

こんな展開で、結局、予定外の買い物をするはめになってしまった……。誰でも一度はこんな経験があるでしょう。

マーケティングの世界では、**「クレームは情報」**という言葉があります。こんなとき、**商品への不満を言うのは、買うための条件をわざわざ教えていることになり、店員につけ入るスキを与えてしまうだけ。**もしその不満が解消されたら、買わない理由がなくなってしまいます。

だから、本当にほしくない場合には、あまりこちらの不満や条件を提示せず、

「素敵だけど、今はいらないわ」

と言ったり、

「ごめんなさい。ただ見ていただけで、ほしいわけではないのよ」

と、きっぱり断ることです。

「なにかお気に召さないところがありますか？」

などと理由を聞かれても、あくまでも「必要ない」を押し通すことです。

理由を言うのは、買う条件を教えるようなもので、先ほどと同じように条件が満たされれば購入せざるを得なくなってしまいます。それ以上に、自分も買いたくなるような気分になったりするものです。

「今日はお金を持ってないので」という逃れ方も危険です。

「カードが使えますよ。分割でも……」

そこまでで心が少しでも動いていると、「それなら買おうかしら」という気にもなり、翌月から何カ月もカードの請求を見て後悔することになりますよ！

次はないとわかっていても、「また今度の機会に」とやんわり断る

▼相手を完全に「拒否」せずに断るコツ

仕事上の取引で「ノー」と言われても、実際には単にビジネスチャンスが失われただけのことに過ぎないのに、その後の人間関係まで失ってしまったような気になるのは、日本人的メンタリティがなせる業《わざ》でしょう。だからはっきり「ノー」と言うことに対し、つい、ためらいを覚えてしまいます。

そこで、相手を傷つけずに「ノー」と言いたいときには、

「また今度の機会に」

「これにこりずに」

などというフレーズを利用するのが得策です。

これらの表現は、**実際は「ノー」なのに、100パーセント「ノー」と言い切っていない**という感じがあります。だから「また今度」と言われたほうは、「では、出直して来ます。その節はよろしく」

と言って、悪い感情を持たずに引きあげることができます。

「今度とお化けは出たことがない」のはわかっていても、**自分の人格が否定されたと感じずにすむので、引っ込みがつく**というわけです。

はっきり「ノー」と言うことによって、かえって気持ちよくつき合えることもあれば、その逆もあります。人間は感情の動物だということを念頭に置き、まず、相手の言い分や要求を聞いてから、どんなふうに「ノー」の意思を伝えたらよいのかを考えるのが、人間関係を円滑にする上では不可欠です。

「ごめんなさい」と先に謝り、相手の顔を立てつつノーを伝える

▼先手を打って「不満」をやわらげる

路上などでキャッチセールスにつかまり、断り切れずついつい話を聞いてしまうなんてこと、あなたもあるでしょう。一刻も早く逃げ出したいのに、話を聞いた挙句《あげく》に必要もない物を買わされてしまっては最悪です。

そんなときに使えるのが、**相手の先手を打つ、「ごめんなさいね」という謝りの言葉**です。何も悪いことはしていないので、謝る必要はないのですが、この場合はしつこい勧誘から逃れるための方便と割り切ればいい。

「ごめんなさいね、今、時間がなくて話が聞けないの」

と言われると、強引に勧誘しても無駄だなと思うもの。

また、断るのに理由は不要です。この場合、断る側が勧誘するほうの期待や希望を先取りして、あなたの期待に沿えなくて悪いんだけどと、形の上である

にせよ謝っているので、勧誘者の顔も立ちます。だから、

「結構です。ごめんなさい」

と**先に謝られてしまうと、勧誘する側もそれ以上追及できなくなります。**それ以上積み上げる説得の論理がないし、謝罪されたことによって、期待を裏切られたという不満にも収まりがつくというものです。

これは何も、見知らぬ人からの勧誘に限ったことではありません。友人などからの誘いを断るときにも有効な言葉です。友人や知人に急に食事に誘われたときなど、腹をさらけ出せる親友でもない限り、断りづらいもの。そんなとき、

「今日は○○の用事があるので行けません」

と直接理由を述べただけでは、相手は期待を裏切られ、ムッとしてしまうかもしれません。だから、

「ごめんなさい。今日は都合がつかなくて」

と、とりあえず謝ってしまいましょう。

相手の期待に対して謝罪することで、不満を和らげることができるし、それで、その後の人間関係にヒビが入ることも未然に防ぐことができるのです。

相手の頭が熱くなっているときは、**「まずは」**のマジックワードを使う

▼一時的な「ノー」をソフトに伝える

「まずは」という言葉には「はじめに」という意味があり、「まずは、部長のご挨拶から」というように使われるのが一般的ですが、話を一時中断させる場合にも用いられる、使い勝手のいい言葉です。

相手が、激しい口調で不満を言い始めたとき、「まずは、お掛けになって」と落ち着かせる。何か心配事を相談しかけてきたら、「まずは、お茶でも」と、話を一時棚上げにする。そういう効果を持つ言葉なのです。これは、**一時的な「ノー」を表しているのですが、「あなたの話はいずれきちんと聞きますが、今はやめましょう」というニュアンスがあり、相手にソフトな印象を与えること**

ができます。

座って落ち着いたり、お茶を飲んでほっとしたりすると、相手はその後の話を冷静に組み立てやすくなるもの。また、自分は拒絶されたわけでなく、これからじっくり話を聞いてもらえるという安心感も生まれます。

こちらも、相手を観察し、どのように対処したらよいか思いをめぐらす時間が取れるのです。

「まずは」は、問題そのものを解決するには何の効果もないのですが、その場の雰囲気をいっとき収める効果のある言葉なのです。

同じような意味で使う言葉に「とりあえず」があります。でも、こちらのほうは、相手には少し不誠実に聞こえるかもしれません。

「とりあえず、やっておいて」

「とりあえず、うまく言っておいたから」

というように、一時的にごまかす気持ちがある場面で使うことが多いからでしょう。面倒な話、心配事の話題のときは「まずは」で、相手にソフトに接するほうが無難です。

「逆質問」で質問攻めから逃れ、上手にノーの意思を伝える

▼その場の「雰囲気、流れ」を変える

ある人が持ち出した話題が、その場にいる誰かを傷つけたりする場合があります。そんなときは、

「その話は○○さんが嫌な思いをするからやめましょう」

というストレートな言い方では、かえってその○○さんをいたたまれない気持ちにさせてしまうことにもなりかねません。対応としては、その少し前の話題に戻すのがコツ。会議であれば、

「時間がないので、本題に戻しましょう」

と言うのがいいでしょう。

あるいは、ちょっとしたおしゃべりの場なら、

「今気が付いたけど、○○さんのしてる時計、素敵ですね」

などと、全員の注目を他のことに向けさせるのもうまいやり方です。

「お茶を入れましょう。○○さん、手伝っていただけますか？」

と、話し手にお願いしてしまうという方法も有効です。

その場をなんとかしようと必死になればなるほど、雰囲気が悪くなるときには、**印象を和らげる効果のある「恐れ入りますが」「可能であれば」「よろしければ」などの言葉を使うことが効果的**なのです。

「なんだか話がシビアになりすぎたみたいですね。よろしければ別の話題に移りましょうか」

と、言ってみるのもいいでしょう。

こんなときは、表情はあくまでもにこやかにするのがコツです。

また、何か聞かれても話したくない、相手の質問に答えたくないというケースがあります。自分は答えがわかっていないことを相手に知られるとまずい、うっかりしたことを言って言質《げんち》を取られるとまずい、今こんなことを言えば損をする、などという場合です。

そんなときに、相手の質問攻めからうまく逃れるには、逆に相手に質問をすることです。たとえば、相手に、

「何か、私に言いたいことがあるんじゃないですか？」と追及をされたら、
「あなたこそ、話したいことがあるのでは？」
と相手に投げ返してみましょう。

質問を投げ返すことで、相手に一瞬でも考えさせると、気勢をそがれ、追及の手がゆるむことにもつながります。

人がしつこく詮索《せんさく》をやめないような場合に「ノー」と言いたいときは、この逆質問で、巧みにノーの意思を伝えましょう。

ただ、相手が激しているときに自分も同じテンションでやり返すのでは泥仕《どろじ》合《あい》に終わってしまいます。あくまでも冷静に対応することが肝心です。

また、相手に間髪入れずにこのような言葉を投げ返すと、相手はますます興奮してしまうので、最初は戸惑った表情を見せたりするほうがいいでしょう。

そうすれば相手も言いすぎたかなと思って、少しはトーンをゆるめます。

相手が落ち着いたところを見計らって、やんわりと言葉を投げ返すのが、オトナの対応で、相手に対する効果と同時に、同席した人たちにも認められるという好結果につながるでしょう。

［監修］
富田 隆（とみた・たかし）

心理学者。1949年東京生まれ。白百合女子大学助教授、駒沢女子大学教授などを歴任。専門は「認知心理学」。人間の心を情報処理系として研究、「サイバーアニミズム」などの概念を提唱。専門領域のみならず「コミュニケーション」「恋愛」「夢」「文化現象」「社会現象」等々、多様な問題に心理学的な分析を加え、テレビ、ラジオ、雑誌など各メディアで活躍している。著書も多数ある。

参考文献

『「バカ正直」は騙されない!』 富田隆・甲斐谷忍 集英社／『詐欺の心理学 騙す側、騙される側のココロの法則』 富田たかし ベスト新書／『人に好かれる心理技術を覚えよう』 富田隆 太陽企画出版／『性格の秘密がわかる本』 富田隆 大和書房／『うまくいくコミュニケーション60の法則』 富田隆監修 ベネッセコーポレーション／『マンウォッチング』デズモンド・モリス 小学館／『図説心理学入門』齊藤勇編 誠信書房／『現代心理学入門』（上・下）リチャード・I・エヴァンス 講談社学術文庫／『ハーバード流交渉術』ロジャー・フィッシャー、ウィリアム・ユーリー TBSブリタニカ／『ことばの心理学』北山修責任編集 Imago臨時増刊／『言葉のトリック』多湖輝 ゴマブックス／『自己発見の心理学』国分康孝 講談社現代新書／『心理学がわかる事典』南博編・著 日本実業出版社／『図説心理トリック』樺旦純 三笠書房／『人の心はなぜコントロールされるのか』小田晋 新講社／『人間関係』加藤秀俊 中公新書／『好きと嫌いの人間関係学』齊藤勇 創拓社／『人づき合い 話し方の極意』笹倉ミチ子 文化創作出版／『人を思うまま動かす』桑名一央 三笠書房知的生きかた文庫 その他

[STAFF]
デザイン　金井久幸(TowThree)
イラスト　瀬川尚志
編集協力　有限会社椎野企画
校正　くすのき舎

※本書は弊社発行『この「ひと言」で相手が動く! ことばの心理テクニック』に
加筆・修正を行って再編集し、改題したものです。

「ひと言」で相手の心をつかむ
ことばの心理術フレーズ事典
2021年7月10日　第1版発行

監修者　富田 隆
発行者　永岡純一
発行所　株式会社永岡書店
〒176-8518　東京都練馬区豊玉上1-7-14
代表 03(3992) 5155　編集 03(3992) 7191
DTP　センターメディア
印刷　アート印刷社
製本　コモンズデザイン・ネットワーク

ISBN978-4-522-45401-5　C0176